河口桥梁防洪评价
案例与解析

刘国珍 ——— 著

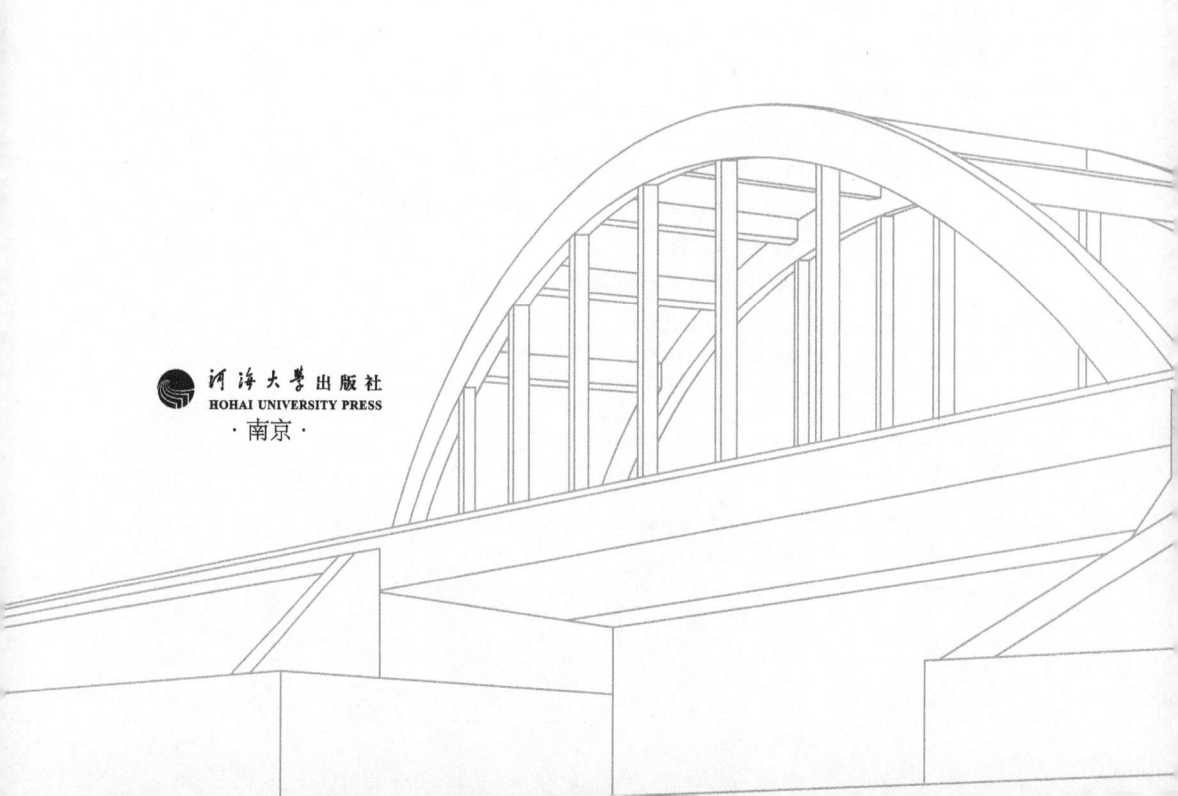

河海大学出版社
HOHAI UNIVERSITY PRESS
·南京·

图书在版编目(ＣＩＰ)数据

河口桥梁防洪评价案例与解析/刘国珍著. -- 南京：河海大学出版社，2023.9
　ISBN 978-7-5630-8303-9

　Ⅰ.①河… Ⅱ.①刘… Ⅲ.①河口－桥梁工程－防洪－研究－中国 Ⅳ.①U44②TV877

中国国家版本馆 CIP 数据核字(2023)第 138217 号

书　　名	河口桥梁防洪评价案例与解析	
书　　号	ISBN 978-7-5630-8303-9	
责任编辑	金　怡	
特约编辑	汤雨晖	
特约校对	张美勤	
装帧设计	张育智　周彦余	
出版发行	河海大学出版社	
地　　址	南京市西康路 1 号(邮编:210098)	
电　　话	(025)83737852(总编室)　(025)83787103(编辑室)　(025)83722833(营销部)	
经　　销	江苏省新华发行集团有限公司	
排　　版	南京布克文化发展有限公司	
印　　刷	广东虎彩云印刷有限公司	
开　　本	710 毫米×1000 毫米　1/16	
印　　张	12.75	
字　　数	229 千字	
版　　次	2023 年 9 月第 1 版	
印　　次	2023 年 9 月第 1 次印刷	
定　　价	98.00 元	

前言 Preface

　　珠江河口区域是粤港澳大湾区的核心区，粤港澳大湾区建设是习近平总书记亲自谋划和部署的国家战略，是"一带一路"的重要一环。通过打造现代化综合交通运输体系，串联大湾区的交通路网，提升运输服务能力，对促进产业布局合理化、形成区域联动具有重要意义。为更好地发挥交通运输在大湾区经济社会中的支撑引领作用，广东省"十三五"规划、"十四五"规划和2035年远景目标中都进行了区域交通网络布局，着力完善交通基础设施空间布局和功能机构，为社会主义现代化新征程保驾护航。

　　珠江河口河网密布，1.2万条河（涌）交织在珠江三角洲，交错贯通，需要大量的桥梁工程串联路网，众多桥梁的建设，增加了大湾区城市的泄洪阻力，同时不利于纳潮和排涝，影响河势演变趋势与河网区的联动效应，又增大了研究的复杂性。

　　本书立足于河口桥梁工程建设对防洪的影响，以河口大型涉水工程黄茅海跨海通道为例，开展防洪评价研究。黄茅海跨海通道工程是港珠澳大桥西拓通道的重要组成，形成连通粤西地区的重要通道。项目建设对于充分发挥港珠澳大桥的功能、推进粤港澳大湾区基础设施互联互通将发挥重要的支撑作用。工程所在的黄茅海水域位于珠江三角洲西侧的入海口湾，由崖门和虎跳门两水道汇入，上承接潭江和西江来水，是珠江河口两大河口湾之一。黄茅海河口湾具有较清晰的滩槽分布格局和地貌形态，湾内水下地形呈东、中、西三滩和东、西两槽的"三滩两槽"基本地貌格局，根据《珠江河口综合治理规划》要求，应维护珠江河口西侧——黄茅海河口湾潮汐通道，充分发挥其纳潮、排洪、通航和生态功能，加大虎门、崖门口的潮汐吞吐能力，加强潮流动力，理顺水流条件，以维护潮汐通道的稳定。

但是，黄茅海跨海通道工程的建设势必对珠江河口泄洪纳潮和河势稳定产生影响，因此亟需开展防洪评价研究。本书研究内容包括：黄茅海跨海通道工程线路方案比选研究、桥墩阻力模拟及桥墩优化试验、河势演变分析、水文分析计算、潮流泥沙数学模型、定/动床河工模型试验、水槽试验、防洪影响评价研究等。鉴于篇幅和时间限制，本书只选取其中一部分研究成果进行展示，并在此基础上进行黄茅海跨海通道工程防洪评价研究，对同类工程的开展具有一定借鉴意义。

本书共分为8章，由刘国珍主笔撰写完成。成书过程中，感谢何用、卢陈、杨留柱、许劼婧等同事的专业指导。

本书在撰写过程中，得到了珠江水利科学研究院领导和同事的大力支持，在此表示衷心感谢。限于作者水平，书中难免存在疏漏和不当之处，敬请批评指正。

作　者

2023年5月

目录 Contents

0 绪论 ·· 001
   0.1 珠江河口 ··· 003
   0.2 珠江河口涉水桥梁开展防洪评价研究的必要性 ············· 004
   0.3 涉水桥梁工程防洪评价研究思路 ···························· 006
   0.4 高程基面及坐标系统 ··· 006

1 概述 ·· 009
   1.1 研究背景 ··· 011
   1.2 工程建设的意义 ·· 013
   1.3 研究依据 ··· 014
      1.3.1 相关法律、法规 ······································ 014
      1.3.2 相关技术、规划文件 ································· 014
      1.3.3 技术标准 ··· 015
   1.4 研究内容与技术路线 ··· 015
      1.4.1 研究内容 ··· 015
      1.4.2 技术路线 ··· 016
   1.5 基础资料 ··· 019

2 基本情况 ··· 021
   2.1 涉水方案设计及优化 ··· 023
      2.1.1 思路及方法 ·· 023

  2.1.2 线位比选 ·· 025
  2.1.3 桥跨方案 ·· 029
 2.2 工程建设方案 ·· 034
  2.2.1 规模及设计标准 ···································· 034
  2.2.2 主桥 ·· 035
  2.2.3 水中引桥 ·· 047
  2.2.4 工程阻水情况 ······································ 047
  2.2.5 占用河道管理范围内土地及建设设施情况 ················ 049
  2.2.6 工程与堤防的搭接关系 ······························ 050
 2.3 河道基本情况 ·· 051
  2.3.1 水域概况 ·· 051
  2.3.2 气象特征 ·· 056
  2.3.3 水文泥沙特征 ······································ 059
 2.4 堤防 ··· 062
  2.4.1 黄茅海珠海侧堤防 ·································· 064
  2.4.2 黄茅海台山侧堤防 ·································· 064
 2.5 水利规划及实施安排 ···································· 065
  2.5.1 排涝规划 ·· 065

3 河口滩槽演变分析 ·· 067
 3.1 历史演变概况 ·· 069
 3.2 近期演变分析 ·· 069
  3.2.1 黄茅海岸线变化分析 ································ 069
  3.2.2 黄茅海水域冲淤演变分析 ···························· 075
 3.3 工程附近水域冲淤变化 ·································· 080
 3.4 工程对附近水域滩槽稳定影响的定性分析 ··················· 084
 3.5 冲淤演变趋势分析 ······································ 084

4 防洪评价计算 ··· 087
 4.1 水文分析 ·· 089
  4.1.1 设计洪水和设计潮位 ································ 089
  4.1.2 典型水文组合 ······································ 090

目录

- 4.2 模型的建立与验证 ………………………………………………… 091
  - 4.2.1 一、二维联解整体潮流数学模型 ……………………… 091
  - 4.2.2 珠江河口整体潮汐物理模型设计与验证 …………… 110
- 4.3 计算条件 …………………………………………………………… 126
  - 4.3.1 计算水文条件 ………………………………………… 126
  - 4.3.2 计算工况 ……………………………………………… 126
- 4.4 西滩潮位影响分析 ………………………………………………… 126
  - 4.4.1 洪水期潮位变化 ……………………………………… 133
  - 4.4.2 中水期潮位变化 ……………………………………… 134
  - 4.4.3 枯水期潮位变化 ……………………………………… 135
  - 4.4.4 风暴潮潮位变化 ……………………………………… 136
- 4.5 潮汐动力影响计算与分析 ………………………………………… 137
  - 4.5.1 潮差变化分析 ………………………………………… 137
  - 4.5.2 潮量影响分析 ………………………………………… 139
  - 4.5.3 流速流态影响分析 …………………………………… 141
  - 4.5.4 潮汐动力变化影响综合分析与评价 ………………… 159
- 4.6 河势稳定影响评价 ………………………………………………… 160
  - 4.6.1 物理模型悬沙淤积试验 ……………………………… 160
  - 4.6.2 物理模型动床冲刷试验 ……………………………… 162
  - 4.6.3 河势稳定影响 ………………………………………… 163
- 4.7 施工期泄洪影响 …………………………………………………… 167

5 防洪综合评价 …………………………………………………………… 171

- 5.1 建设项目与有关规划符合性评价 ………………………………… 173
  - 5.1.1 与珠江流域综合规划的关系 ………………………… 173
  - 5.1.2 与珠江河口综合治理规划的关系 …………………… 173
  - 5.1.3 与珠海侧水利规划的关系 …………………………… 173
  - 5.1.4 与台山侧水利规划的关系 …………………………… 174
- 5.2 建设项目防洪标准和有关技术要求符合性评价 ………………… 174
  - 5.2.1 与防洪标准的符合性 ………………………………… 174
  - 5.2.2 与有关技术要求的符合性 …………………………… 174
  - 5.2.3 与有关管理要求的符合性 …………………………… 174

5.3　对河道行洪的影响评价 ·· 175
　　5.4　对河势稳定的影响评价 ·· 175
　　5.5　对堤防安全及岸坡稳定和其他水利工程影响评价 ··············· 176
　　5.6　对水文测站的影响评价 ·· 176
　　5.7　对水利工程运行管理和防汛抢险的影响评价 ······················ 176
　　5.8　施工期影响评价 ··· 177
　　5.9　对第三人合法水事权益的影响评价 ··································· 177

6　消除和减轻影响措施 ··· 183
　　6.1　海堤堤岸局部改线、保护与修复 ······································ 185
　　6.2　水文地形监测 ·· 185
　　6.3　加强施工期影响监测、评估和管理 ··································· 186
　　　　6.3.1　施工期堤防稳定监测 ··· 186
　　　　6.3.2　评估与管理 ··· 186
　　6.4　疏浚弃土的处理 ··· 186
　　6.5　防汛管理要求 ·· 188

7　结论与建议 ·· 189
　　7.1　结论 ··· 191
　　7.2　建议 ··· 194

参考文献 ·· 196

0 绪论

0.1 珠江河口

珠江水系由西江、北江、东江及珠江三角洲诸河如深圳河、茅洲河、西福河、沙河、增江、南岗河、流溪河、高明河、沙坪河、潭江等组成（见表 0.1-1），分经虎门、蕉门、洪奇门、横门、磨刀门、鸡啼门、虎跳门和崖门八个口门流入南海，受南海潮汐的影响，各河流的潮区界和潮流界长短不同，见表 0.1-2 所示。

表 0.1-1　珠江水系

河流	源地	河口	全长 (km)	其中源地—下游					其中下游—河口（三角洲段）		
				下游界	长度 (km)	集水面积 (km^2)	平均坡降 (‰)	落差 (m)	长度 (km)	集水面积 (km^2)	平均坡降 (‰)
西江	云南曲靖市马雄山	广东珠海市磨刀门	2 214	三水区思贤滘西口	2 075	353 120	0.58	—	139	8 370	−0.048
北江	江西信丰县石碣大茅坑	广东广州市番禺区沙公堡	573	三水区思贤滘东口	468	46 710	0.26	305	105		0.053 4
东江	江西寻乌县桠髻钵山	广东广州市黄埔新港	562	东莞市石龙镇	520	27 040	0.39	440	42	1 380	0.000 47
直注珠江三角洲诸河	（深圳河、茅洲河、西福河、沙河、增江、南岗河、流溪河、高明河、沙坪河、潭江）									17 070*	—

注：* 含属于深圳河集水面积的九龙半岛 421.26 km^2，澳门半岛 18 km^2，不含岸外岛屿面积。

表 0.1-2　珠江河口潮区界和潮流界　　　　　　　　　　　单位：km

河流	潮区上界 （距口门距离）	潮区下界 （距口门距离）	潮流上界 （距口门距离）	潮流下界 （距口门距离）
西江	梧州—德庆（300）	外海（55）	三榕峡（160）	口门（0）
北江	芦苞—马房（130）	三善滘（43）	三水—马房（90）	口门（0）
东江	铁岗（90）	大盛—新家浦（40）	石龙—下南（60）	泗盛、大盛、东莞围（2~10）
流溪河	江村—蚌湖（90）	老鸦岗（70）	老鸦岗—江村（80）	黄埔—石围塘（39~60）

珠江河口为扇形三角洲河口，在三角洲上汊道纷繁，河网纵横交错，相互沟通，大小汊道数以千计，在我国大江大河的河口中是绝无仅有的。

珠江河口一般指珠江河口的八大口门区及河口延伸区，如图 0.1-1 所示。八大口门区：自虎门黄埔（东江北干流大盛、南支流泗盛、北江干流沙湾水道三沙口水位站）、蕉门南沙、洪奇门万顷沙西、横门水位站、磨刀门灯笼山、鸡啼门黄金、虎跳门西炮台、崖门黄冲水位站以下至伶仃洋赤湾半岛、内伶仃、横琴、三灶、高栏、荷苞、大襟岛、赤溪半岛间的连线之间的河道、水域及岸线。河口延伸区：自上述赤湾、赤溪半岛连线以下，与从深圳河口起沿广东省与香港特别行政区水域分界线至南面海域段 18 号点和由 18 号点与外伶仃岛、横岗岛、万山岛、小襟岛南面外沿、赤溪半岛鹅头颈的连线之间的水域及岸线。

0.2　珠江河口涉水桥梁开展防洪评价研究的必要性

（1）粤港澳大湾区经济发展对珠江河口管理造成影响

2016 年 3 月，《中华人民共和国国民经济和社会发展第十三个五年规划纲要》正式发布，明确提出"支持港澳在泛珠三角区域合作中发挥重要作用，推动粤港澳大湾区和跨省区重大合作平台建设"；同月，国务院印发《关于深化泛珠三角区域合作的指导意见》，明确要求广州、深圳携手港澳共同打造粤港澳大湾区，建设世界级城市群。

2019 年 2 月，《粤港澳大湾区发展规划纲要》明确了粤港澳大湾区要发展成为"一带一路"建设的重要支撑，就是在国内国际双循环相互促进基础上，发挥港澳在国家对外开放中的功能和作用，提高广东珠三角开放型经济发展水平，在更高层次参与国际经济合作和竞争，发挥大港口、大机场和铁路网、公路网作用，成为"海上丝绸之路"与"陆上丝绸之路"国际交通物流枢纽和国

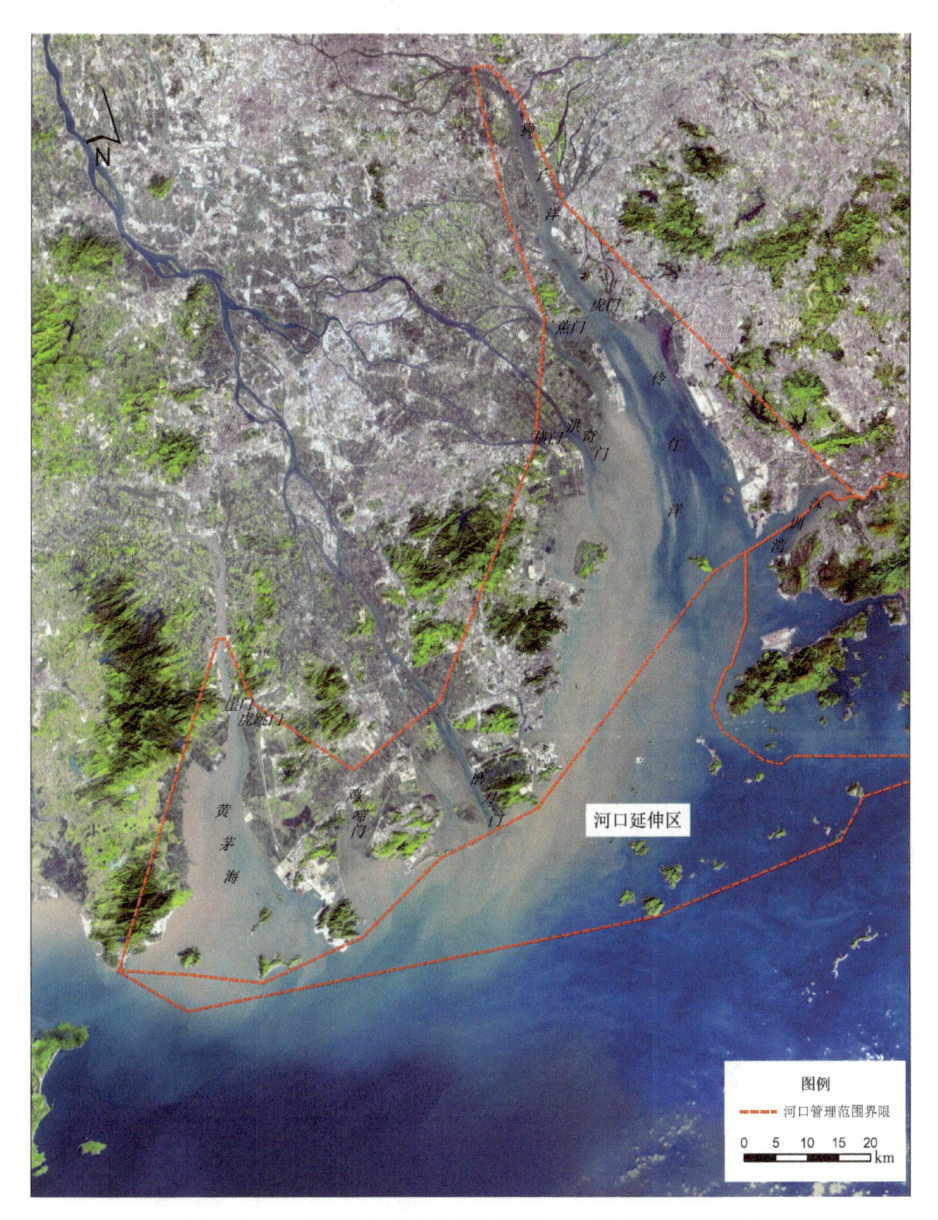

图 0.1-1　珠江河口八大口门区及河口延伸区范围示意图

际文化交流中心。

　　珠江河口所在的三角洲地区是我国三大经济圈之一,经济发达、人口密集,城市化率达 80%,在全国经济社会发展中具有重要的战略地位。随着《珠江三角洲地区改革发展规划纲要(2008—2020 年)》的颁布实施,大量的跨河桥梁、港口码头、滩涂开发利用工程、航道整治工程等涉水工程开始建设或实施，对促进珠江河口地区社会经济的发展发挥了重要作用，但也给珠江河口管理带来一系列问题。

（2）为珠江河口地区涉水建设项目管理提供技术支撑

如果缺少对珠江河口建设项目防洪影响的分析，水行政主管部门在涉水建设项目管理过程中，难以对河道建设项目控制密度、阻水比、壅水影响控制指标、建设项目工程布置原则、建设项目与堤围的安全适应性等进行准确把握，增大了技术审查工作难度。同时，珠江河口地区社会经济的快速发展，对防洪安全提出了更高要求，也使得对涉水项目管理的规范化、定量化变得越来越迫切。目前，包括港珠澳大桥、深中通道、黄茅海跨海通道、狮子洋大桥、鹤岗高速桥、洪鹤大桥等在内的许多位于珠江河口区的大中型涉水工程正在开工建设或已经建成。因此，为了适应水行政主管部门对珠江河口区涉水建设项目的审查、管理的需要，需开展防洪评价论证，对珠江河口治理、保障区域防洪（潮）安全也具有重要指导意义。

0.3　涉水桥梁工程防洪评价研究思路

参照中华人民共和国水利行业标准《河道管理范围内建设项目防洪评价报告编制导则》（SL/T 808—2021），本次防洪评价研究分为如下七个部分：

（1）概述

（2）基本情况

（3）河口滩槽演变分析

（4）防洪评价计算

（5）防洪综合评价

（6）消除和减轻影响措施

（7）结论和建议

0.4　高程基面及坐标系统

本书除特殊说明外，平面坐标系统采用1954北京坐标系，高程系统采用珠江基面高程。

珠江基面高程与其他基面高程的转换关系如下（图0.4-1）：

珠江基面高程＝1985 国家高程－0.744 m；

珠江基面高程＝1956 黄海高程－0.586 m。

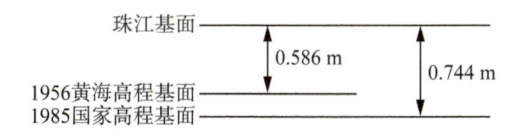

图 0.4-1　珠江基面高程与其他基面高程转换关系示意图

1 概述

1 概述

1.1 研究背景

黄茅海跨海通道工程是港珠澳大桥西拓通道的重要组成，是连通粤西地区的重要通道。工程承接港珠澳大桥并将大湾区经济发展向粤西和沿海地区辐射，有效解决了沿海地区与湾区经济发达城市一直以来通道单一的问题，并与西部沿海高速共同构建江门市乃至粤西地区沿海经济带的主通道。交通基础设施的互联互通是地区发展的基础之一，工程的建设既为粤港澳大湾区发展打下坚实的基础，又是落实"一核一带一区"发展战略的关键一步。

工程建设对于充分发挥港珠澳大桥的功能，推进粤港澳大湾区基础设施互联互通将发挥重要的支撑作用，同时还可有效促进珠江西岸先进装备制造业集聚，进一步强化珠海横琴自贸区、高栏港和江门大广海湾经济区的联动发展。

黄茅海跨海通道工程位于珠江河口黄茅海中部水域，工程起点在珠海市平沙社区与鹤高高速顺接，向西经过拟建湿地公园南侧，跨越黄茅海水域，依次跨越崖门出海航道东东航道、东航道、西航道，至台山赤溪镇福良村，再向西经过月湾村，经猪嘴潭水库北侧，设两座隧道分别穿越狮山、鸡山，经鲤鱼水库西侧，终点于台山斗山镇中和村与西部沿海高速相交，对接新台高速，路线全长约 31.3 km，其中跨黄茅海桥梁段约 13.5 km，采用全桥跨海方案，大跨径桥梁包括跨东东航道的高栏港大桥、跨东航道和西航道的黄茅海大桥。工程位置见图 1.1-1。

根据《珠江河口综合治理规划》，黄茅海河口湾是珠江河口西侧潮汐通道，应充分发挥其纳潮、排洪、通航和生态功能，加大虎门、崖门口的潮汐吞吐能力，加强潮流动力，理顺水流条件，以维护潮汐通道的稳定。该工程的实

图 1.1-1 黄茅海跨海通道工程防洪评价范围示意图

施占用河道行洪断面,势必对黄茅海河口湾的泄洪纳潮和河势稳定产生影响。根据《珠江河口管理办法》第十条规定:在珠江河口管理范围内建设防洪工程和其他水工程、滩涂开发利用工程以及跨河、穿河、穿堤、临河的桥梁、码头、道路、渡口、管道、缆线、取水、排水等工程设施,必须依照《中华人民共和国防洪法》《中华人民共和国河道管理条例》以及国家计委、水利部联合颁布的《河道管理范围内建设项目管理的有关规定》,将其工程建设方案报水行政主管部门审查同意,并取得《防洪规划同意书》或《河道管理范围内建设项目审查同意书》。

黄茅海跨海通道工程为珠江河口管理范围内建设项目,建设单位需提供涉水工程可能对珠江口泄洪、纳潮、排涝、河势稳定、堤防安全等方面产生影响的论证材料及拟采取的防治与补救措施等有关文件,向水行政主管部门申办《河道管理范围内建设项目审查同意书》,防洪评价报告是主要附件。因此,需对工程建设后对珠江河口泄洪、纳潮、排涝、河势稳定等方面的影响进行评价。本书涵盖了黄茅海跨海通道工程线路方案比选研究、桥墩阻力模拟及桥墩优化试验、河势演变分析、水文分析计算、潮流泥沙数学模型、定/动床河工模型试验、防洪影响评价研究等内容,评价工程对河口的行洪、纳潮、排涝、潮排潮灌、河势稳定、堤防安全等方面的影响,并提出补救措施。

1.2 工程建设的意义

2018年6月,《中共广东省委关于深入学习贯彻落实习近平总书记重要讲话精神奋力实现"四个走在全国前列"的决定》中提出"充分发挥港珠澳大桥效用,谋划建设港珠澳大桥经黄茅海通道向西延长线"。

2019年,广东省粤发改交通函〔2019〕2985号将黄茅海跨海通道项目增列入《广东省综合交通运输体系发展"十三五"规划》,项目代号:2019-440404-48-01-018272。为更好发挥交通运输在全省经济社会中的支撑引领作用,加快建设现代综合交通运输体系,完善跨珠江口通道布局,2021年,本项目列入《广东省综合交通运输体系发展"十四五"规划》,为广东省高速公路重大建设项目之一,充分发挥港珠澳大桥的功能,推进粤港澳大湾区基础设施互联互通,实现大湾区经济发展向粤西和沿海地区辐射,强化和推动珠海横琴自贸区、高栏港和江门大广海湾经济区的联动发展,为全面建成小康社会、开启全面建设社会主义现代化新征程提供了坚实支撑。

1.3 研究依据

1.3.1 相关法律、法规

（1）《中华人民共和国水法》，2016年7月2日修正；

（2）《中华人民共和国防洪法》，2016年7月2日修正；

（3）《中华人民共和国水土保持法》，2010年12月25日修订；

（4）《中华人民共和国防汛条例》，2011年1月8日修订；

（5）《中华人民共和国河道管理条例》，2018年3月19日修订；

（6）《珠江河口管理办法》，1999年9月24日发布，2017年12月22日修正；

（7）《河道堤防工程管理通则》，1981年3月1日起施行；

（8）《河道管理范围内建设项目管理的有关规定》，1992年4月3日水政〔1992〕7号发布，2017年12月22日修正；

（9）《广东省河道堤防管站条例》，2012年1月9日修正，2020年1月1日废止，由《广东省河道管理条例》替代；

（10）《广东省河口滩涂管理条例》，2012年1月9日修正，2019年第二次修正；

（11）《广东省水利工程管理条例》，2020年11月27日广东省第十三届人民代表大会常务委员会第二十六次会议《关于修改〈广东省促进科学技术进步条例〉等九项地方性法规的决定》第四次修正；

（12）其他相关国家、地方法律法规及实施办法。

1.3.2 相关技术、规划文件

（1）《珠江流域防洪规划》，水利部珠江水利委员会，2007年7月；

（2）《珠江河口综合治理规划》，水利部珠江水利委员会，2010年7月；

（3）《珠江流域综合规划（2012—2030年）》，水利部珠江水利委员会，2013年1月；

（4）《珠江流域防洪规划水文分析报告》，中水珠江规划勘测设计有限公司，2005年3月；

（5）《珠江河口综合治理规划修编主要测站设计潮位复核报告》，中水珠江规划勘测设计有限公司，2020年；

(6)《广东省江门市流域综合规划修编(2005—2030)》,江门市水务局、江门市水利水电勘测设计院有限公司,2014年2月;

(7)《珠海市流域综合规划修编报告》,珠海市海洋农渔和水务局、中山大学水资源与环境研究中心,2013年5月;

(8)珠江三角洲地区城镇、经济发展等相关规划。

1.3.3 技术标准

(1)《防洪标准》(GB 50201—2014);

(2)《堤防工程设计规范》(GB 50286—2013);

(3)《水利工程水利计算规范》(SL 104—2015);

(4)《堤防工程管理设计规范》(SL/T 171—2020);

(5)《海堤工程设计规范》(GB/T 51015—2014)

(6)《广东省海堤工程设计导则(试行)》(DB44/T 182—2004);

(7)《港口与航道水文规范》(JTS 145—2015);

(8)《城市防洪工程设计规范》(GB/T 50805—2012);

(9)《河工模型试验规程》(SL 99—2012);

(10)《水运工程模拟试验技术规范》(JTS/T 231—2021);

(11)《河道管理范围内建设项目技术规程》(DB44/T 1661—2021);

(12)其他相关技术标准等。

1.4 研究内容与技术路线

1.4.1 研究内容

根据《河道管理范围内建设项目防洪评价报告编制导则》(SL/T 808—2021)及《珠江河口管理办法》等有关要求,本书研究内容如下:

(1)通过实地调查、原型实测资料分析以及遥感信息应用技术等手段,研究分析工程附近潮流、泥沙、水文、河床演变等特点;

(2)调查分析工程所在水域的防洪(潮)、排涝现状及近、远期规划等情况;

(3)调查分析工程附近水利工程、设施的现状和规划防洪标准、等级及运行状况以及法定的保护、管理范围;

(4)通过数学模型计算、物理模型模拟试验,分析工程实施后珠江河口及有关河道潮位、潮汐动力的变化情况,分析工程对现状和规划条件下的河道各种设施防洪标准、运行能力、潮排潮灌等方面的影响;分析工程建设对水文测站的影响、对堤防稳定的影响;

(5) 研究工程对所在水域的河势稳定的影响;

(6) 研究工程对河道防洪(潮)、行洪安全的影响;

(7) 研究工程对珠江河口综合治理规划、岸线利用及有关河道治理等的影响;

(8) 分析建设项目防洪标准和对有关技术要求的符合性;

(9) 分析建设项目对堤防安全及岸坡稳定和其他水利工程的影响;

(10) 分析建设项目对水利工程运行管理和防汛抢险的影响;

(11) 分析建设项目对附近港口运营、航道通航、取排水等第三人合法水事权益的影响;

(12) 分析建设项目施工期影响;

(13) 提出消除和减轻影响的措施;

(14) 评价结论与建议。

1.4.2 技术路线

黄茅海跨海通道工程属特大型涉水工程,工程区域水动力条件极为复杂,涉及因素较多。经过充分分析与讨论,本书采用五位一体的复合模拟技术体系,见图1.4-1。具体技术路线为:采用原型资料分析、数学模型计算、物理模型试验(珠江口整体清水、浑水模型及局部动床模型)结合遥感信息分析技术等多种手段进行研究和评价,几种手段相互补充、相互印证,并进行综合论证。其技术路线如图1.4-2所示。

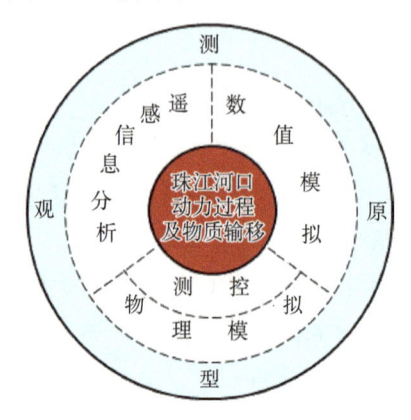

图1.4-1 五位一体的复合模拟技术体系

1 概述

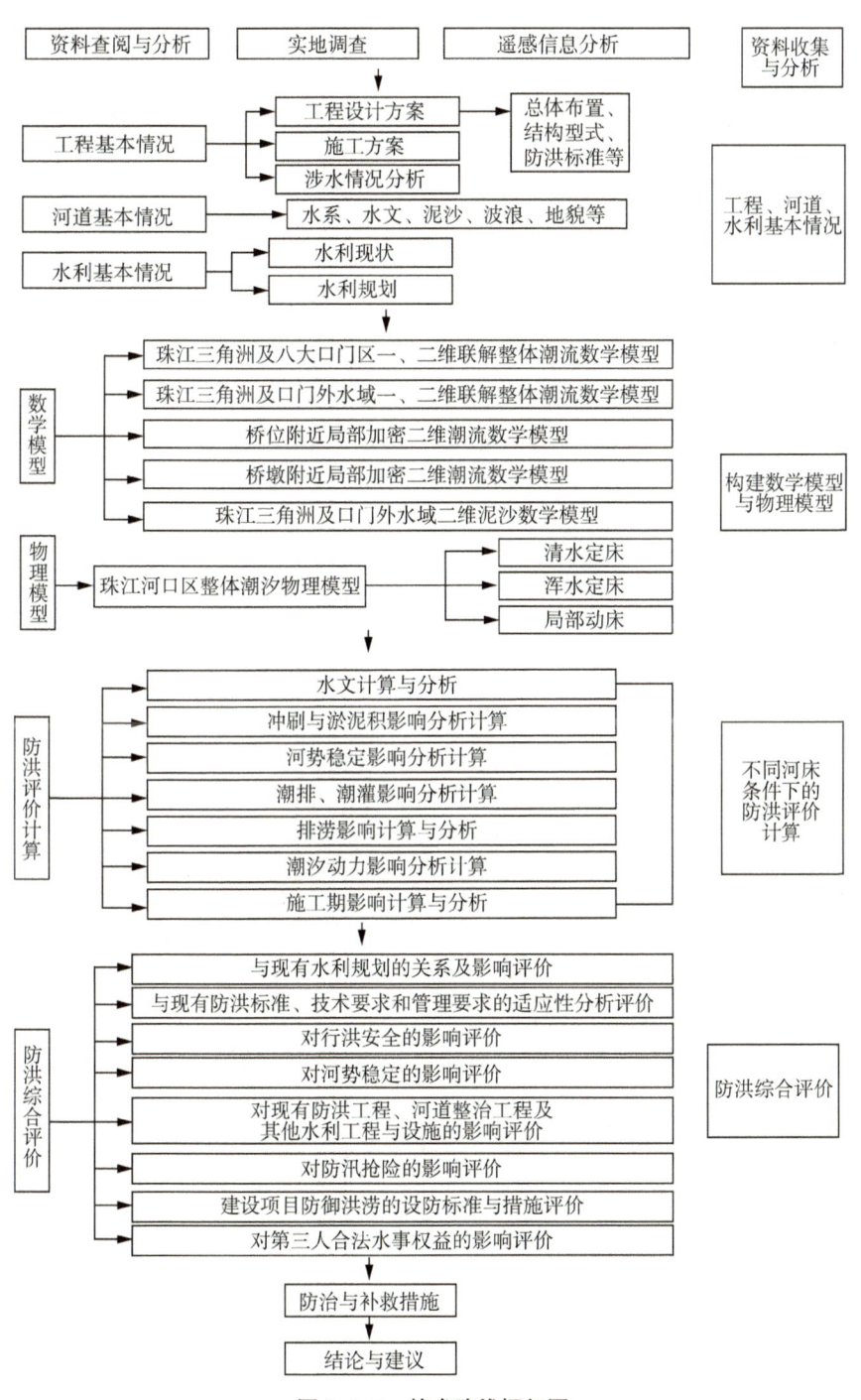

图 1.4-2 技术路线框架图

017

（1）历史资料及遥感信息技术分析主要任务

调查工程附近各种水利工程及水利设施的现状和规划防洪标准、等级，以及其他可能受工程影响的工程设施等；收集珠江口水文、泥沙资料，利用美国 Landsat TM、ETM 数据、法国 SPOT 数据以及中巴资源卫星数据共 40 多个时相系列影像资料，研究工程附近水域水沙动力环境、水沙输移特征，弄清工程附近水域的泥沙来源、泥沙平面分布以及悬沙扩散与汇聚的特点，分析其水流动力以及泥沙特性；收集工程近区、珠江口以及珠江三角洲的多年历史地形，结合 GIS 技术建立水下地形数字高程模型，进行冲淤计算，分析黄茅海的演变特征和冲淤规律，探讨其演变趋势与工程之间的关系，为分析工程建设对珠江河口防洪、纳潮、排涝的影响提供重要参考依据。并结合最新实测地形、水文、泥沙资料分析河床演变，研究珠江口滩槽冲淤变化特征和发展态势。

（2）数学模型计算研究的主要任务

利用珠江三角洲河网一维耦合河口平面二维的整体潮流泥沙数学模型进行该工程对行洪、纳潮、排涝影响的模拟研究，提出工程对防洪、纳潮、排涝、河势稳定、防汛抢险、设防标准以及其他第三人合法水事权益的影响分析评价。

利用黄茅海水域二维局部加密数学模型研究桥墩附近水流流速、流态及其动力条件，并对工程方案进行优化。

以上模型是在 2003 年经水利部国际合作与科技司鉴定过的珠委科研院珠江河口潮流泥沙一、二维联解整体数学模型基础上进行的，技术成熟，成果可靠。

（3）物理模型试验研究的主要任务

利用珠江河口整体物理模型研究工程对珠江三角洲及河口行洪、纳潮、排涝的影响，分析冲淤影响。

珠江河口整体物理模型是一个通过水利部国际合作与科技司主持的鉴定，并运行良好的大型潮汐模型（2003 年），港珠澳大桥、深中通道等大型桥梁工程项目的试验研究均在该模型上完成。

1.5 基础资料

（1）技术报告

①《广东省台山市赤溪围海堤达标加固工程初步设计报告》，江门市水利水电勘测设计院有限公司，2013年7月；

②《黄茅海通道工程可行性研究报告》，中交公路规划设计院有限公司，2019年11月；

③《黄茅海跨海通道工程航道通航条件影响评价报告》，广东省航运规划设计院有限公司，2019年12月；

④《黄茅海跨海通道工程可行性研究地质勘察—岩土工程勘察报告》，中交第三航务工程勘察设计院有限公司，2019年3月；

⑤《黄茅海跨海通道工程初步设计报告》，广东省交通规划设计研究院集团股份有限公司，2020年2月；

⑥《黄茅海跨海通道海域使用论证报告书》，广州南科海洋工程中心，2020年4月；

⑦《黄茅海跨海通道环境影响报告书》，广州南科海洋工程中心，2020年4月；

⑧其他相关技术报告。

（2）收集资料

①珠江河口区及三角洲河道历年实测河道地形资料、海图、航道图、横断面等资料；

②珠江河口区及珠江三角洲"2005.6""1998.6"等典型大洪水资料，"1999.7""2003.7"等中洪水、中水资料，"2001.2"枯水资料，"9317"百年一遇风暴潮资料，"2007.8"等近期典型实测水文资料；"2010.1""2019.1—2019.4"枯季水文资料、"2010.6"中水水文资料；

③珠江流域干流控制水文站洪水、泥沙等特征值资料；

④珠江河口区波浪、泥沙等资料；

⑤珠江河口区历年遥感影像资料；

⑥珠江河口区河道基本情况、水利工程、水利规划成果、社会经济等资料；

⑦相关已有成果报告、文献资料等。

2 基本情况

2.1 涉水方案设计及优化

2.1.1 思路及方法

2.1.1.1 总体思路

按照《珠江河口综合治理规划》要求,应维护珠江河口西侧——黄茅海河口湾潮汐通道,充分发挥其纳潮、排洪、通航和生态功能,加大崖门口的潮汐吞吐能力,加强潮流动力,理顺水流条件,以维护潮汐通道的稳定。

根据上述要求,合理设计、优化黄茅海跨海通道工程建设方案,合理布置桥梁线位、跨径、桥墩型式和承台高度。

2.1.1.2 分区方法

黄茅海河口湾水域同时受径流和潮流影响,由于工程涉及的水域宽阔,在不同区域间动力特性存在较大差异,对应泄洪、纳潮、排沙等功能,各动力分区贡献不一,为控制工程对泄洪纳潮的影响,优化涉水工程总体布置首先必须明确动力分区。

引入单宽涨、落潮平均流量值作为动力分区判断指标。水文水动力因子主要包括水位、流速、流量和含沙量等,黄茅海河口湾断面的纳潮能力通常由该断面的涨潮平均流量反映,而泄洪能力常由通过该断面的落潮平均流量反映。河道过流断面由于滩槽格局差异,造成同一水文条件下不同位置单位宽度流量不同,不同位置的泄洪纳潮能力也不同。因此,布置在不同单宽流量位置的工程,产生阻水效应不同,即不同水域的单宽流量差异导致对泄洪纳潮敏感程度不同,可将泄洪纳潮影响敏感河段划分为一般敏感水域区、较敏感水域区及敏感水域区。

基于单宽流量概念,建立单位宽度流量计算式:$Q=V \times H (m^2/s)$。利用珠江河口八大口门潮流数学模型,选择能够反映黄茅海纳潮能力的"2001.2"枯水大潮水文组合,计算珠江河口的单宽涨潮平均流量,并绘制黄茅海河口单宽涨潮平均流量及分区示意图(图2.1-1),同时选取能够反映珠江河口泄洪能力的"2005.6"洪水大潮水文组合,计算珠江河口的单宽落潮平均流量(图2.1-2)。

2.1.1.3 动力分区划分

河口湾敏感水域采用单宽涨、落潮平均流量变化梯度突变值作为分界线,可分为一般敏感区、较敏感区、敏感区,敏感区主要分布在黄茅海河口湾的深槽区,较敏感区主要分布在中部较深区域,一般敏感区主要分布在东、西侧浅滩区。

(1) 纳潮通道敏感区划分

图2.1-1为"2001.2"枯水大潮水文组合条件下的单宽涨潮平均流量及分区示意图,该图清晰地展示了黄茅海不同滩槽水域承担的纳潮任务,其中深黄色所在中东侧的深槽区域泄洪纳潮任务最为突出,两侧的浅黄色浅滩区,特别是西侧的近岸浅滩区域纳潮任务较轻。

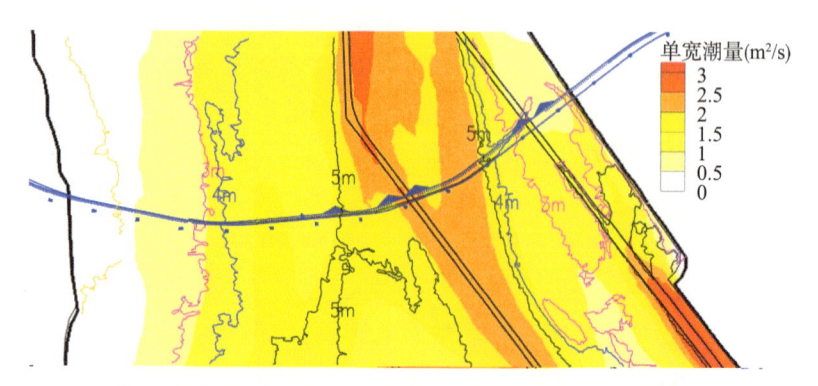

图 2.1-1 "2001.2"枯水大潮水文组合条件下的单宽涨潮平均流量及分区示意图

(2) 泄洪通道敏感区划分

图2.1-2为"2005.6"洪水大潮水文组合条件下的单宽落潮平均流量及分区示意图,该图清晰地展示了黄茅海不同滩槽水域承担的泄洪任务,其中红色所在航道及两侧深槽的泄洪任务最为突出,东西两侧浅滩区域泄洪任务较轻。

综合上述的泄洪、纳潮通量分析,可知黄茅海河口湾存在以航道及两侧-5m等高线以深水域为主的径流动力主控区,以及中东部为主的潮流动力主控区,将图2.1-1和图2.1-2进行标量叠加以后,部分-4m~-5m等高线之

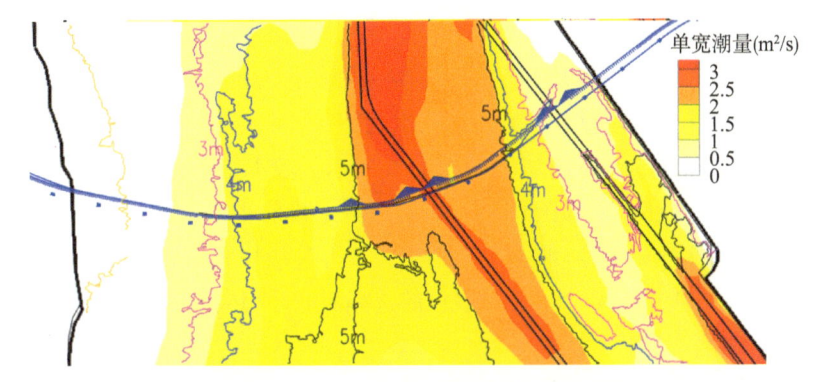

图 2.1-2 "2005.6"洪水大潮水文组合条件下的单宽落潮平均流量及分区示意图

间水域也属敏感水域,如图 2.1-3 所示,由此可得到黄茅海河口湾泄洪纳潮敏感区域。根据单宽涨、落潮平均综合流量分布图,绘制河口湾横向单宽涨、落潮平均流量变化梯度线,沿纵向连接单宽涨、落潮平均流量变化梯度值。在航道两侧以及浅滩边存在明显的变化梯度线的突变值,根据此界线可准确地区分泄洪纳潮流量突变区域,为此,选用单宽涨、落潮平均流量变化梯度线突变值作为划分一般敏感区、较敏感区、敏感区的标准,绘制泄洪纳潮影响敏感水域的分区。

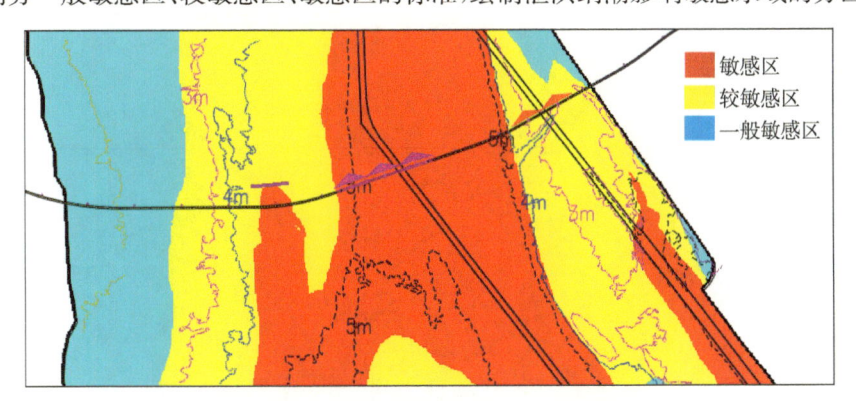

图 2.1-3 基于平均流量变化梯度线突变值的敏感水域分区示意图

2.1.2 线位比选

2.1.2.1 线位水域部分主要控制性因素

工程附近区域对工程建设有控制性作用的主要有珠海侧高栏港港口规划、平沙镇城镇规划、崖门航道、鹤高高速、广珠铁路等;江门侧水源保护区、自然保护区、新台高速、高压输电塔线。

(1) 高栏港港口规划

高栏港区位于珠海市西区,是珠海港的主体港区和近期重点发展港区,根据港区岸线自然条件,规划由南迳湾、南水、黄茅海、虫雷蛛、荷包岛、鸡啼门6个作业区组成。高栏港总体规划如图2.1-4所示。离本工程较近的为黄茅海作业区和荷包岛作业区,紧邻工程下游的三一重工目前主要生产港机,规划生产工程船舶和油气勘探船等,最大代表船型为2万吨级甲板船,船长160 m;珠江钢管厂设5 000吨泊位2个。工程线位的选择需避开相应的港口用地范围。

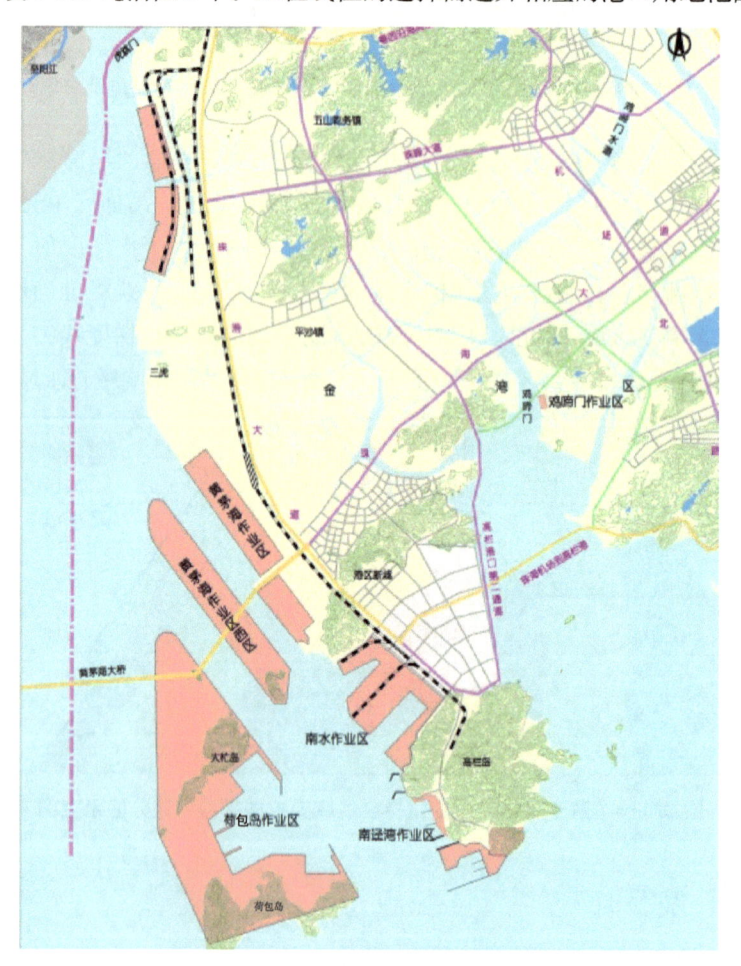

图 2.1-4　高栏港总体规划图

(2) 平沙镇城镇规划

平沙镇是一个迅速崛起的经济强镇、农业大镇和旅游名镇。本工程经过平沙镇的北侧,线位走向应注意与平沙镇城镇规划相协调,为平沙镇的发展提供便捷的通道。

(3) 崖门航道

工程横跨黄茅海河口湾,彼时崖门出海航道自崖门大桥经黄茅海三角山和大杧岛之间东汊向口外延伸至荷包岛北侧,2006年11月崖门5 000 t级出海航道疏浚工程完工,全长41 km,通航宽度90 m,备淤水深为0.5 m,为单向航道。其布置图见图2.1-5。

2.1.2.2 线位介绍

根据《黄茅海跨海通道工程可行性研究报告》,结合接线点所处的地理位置以及地形地物限制条件,工程可行性研究阶段拟定了三个大的路线走廊带,分别为北线(A线)、中线(B线、C线)、南线(D线)进行比较。

方案描述如下。

(1) 北线方案

北线方案(A线方案):与规划香海快速路顺接后,向西垂直跨越崖门航道,架桥跨过崖门水道,在都斛镇南侧农田区域着陆,沿都斛镇区南侧向西,与西部沿海高速相交,路线全长23.780 km。

(2) 中线方案

中线方案一(B1线方案):为全线贯通线位,起点与鹤高高速顺接后,经平沙湿地公园向西,先后跨越东东航道、东航道,至台山都斛镇出头山,沿山坡北侧向西,经过东坑、南村、龙和大队,至米隆村附近接西部沿海高速,对接新台高速,路线全长26.975 km。

中线方案二(B2线方案、局部比较线):B2方案海中段基本走向与B1一致,在台山侧于福田村附近接回D线,为海中的局部比较线。比较段长度18.510 km,B1+D线全长29.530 km。

中线方案三(C线方案):路线起点与鹤高高速顺接,沿平沙湿地公园南侧跨过东东航道后,经规划黄茅海作业区西区,依次跨越东、西航道,至台山侧与D线接顺,比较段路线全长18.816 km,C+D线全长29.836 km。

(3) 南线方案

南线方案(D线方案):起点与鹤高高速对接后,在平沙湿地公园南侧向西,垂直跨越东东航道后,路线向南迂回,与东航道、西航道交叉,三次跨越航道,经台山黄茅岛北侧,过西滩涂,至台山赤溪镇福良村接岸,路线全长为31.3 km。

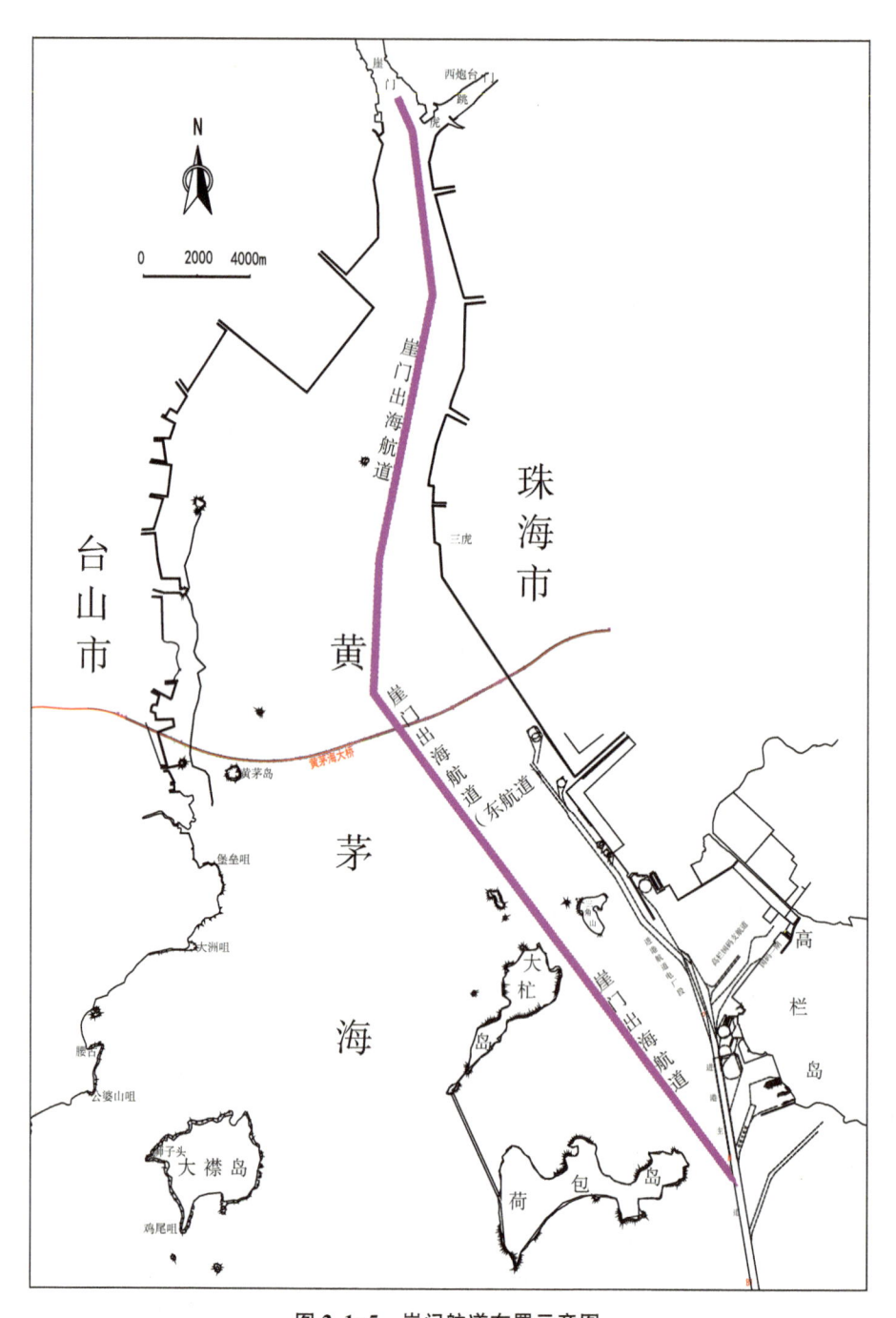

图 2.1-5　崖门航道布置示意图

2.1.2.3 线位比选分析

线位比选主要根据与路网连通性、规划协调性以及对水利、航道影响等方面选择较优的线位。

北线方案(A线)路线长度短,工程规模小,只需跨越崖门航道,跨海距离短;但路网衔接不顺畅,运营里程较长,北线方案与项目定位不符。

中线方案共有三条方案:B1线方案、B2线方案、C线方案。其中,B线方案需占用当时在建的平沙湿地公园,对环境影响大,同时与黄茅海东侧潮流的交角较大;C线方案路线较为顺直,但与东航道斜交达40°左右,不利于通航安全。

南线D方案与路网匹配性良好,通道直接对接鹤港高速与新台高速,与东西岸均衔接良好,同时考虑了东槽、中槽的水流状况,与潮流交角相对较小。

综上,A线路网衔接不顺畅,B方案占用当时在建的平沙湿地公园,东侧与水流不顺,C线与东航道交角太大,不利于通航安全,D线方案能够较好地与路网衔接,与规划的符合性较好,与潮流交角相对较小,因此推荐采用D线方案。

2.1.3 桥跨方案

2.1.3.1 设计原则

(1) 为保障黄茅海河口湾泄洪纳潮和河势稳定,应减少阻水桥墩数量和面积,下埋浅滩承台,优化桥墩型式,加大桥梁跨径,特别应尽可能保持中东侧敏感区深水通道的畅通,东侧深水区的主桥墩和引桥跨径宜采用大跨径结构形式。

(2) 维护黄茅海河口湾西侧输沙通道,合理调整西侧浅滩桥梁跨径比例,控制工程建设引起的西侧浅滩进一步淤浅幅度,保障西侧浅滩区域排沙通畅。

(3) 借鉴伶仃洋河口湾的港珠澳大桥、深圳至中山跨海通道工程设计经验,结合黄茅海河口湾区域特征,从维持黄茅海河口湾的泄洪纳潮通畅和河势稳定安全角度出发,同时综合考虑造价、施工安全、工期及工艺可行性等要求,合理布置工程建设方案。

2.1.3.2 优化过程

在线位比选的基础上,对D线方案的桥跨布置进行深入比选。结合前文动力分区结果,将跨河横向部分划分为三大区域,分别为西侧一般敏感区、中西部较敏感区和中东侧敏感区。自2019年2月25日以来,桥跨方案先后历经十余次优化调整,主要过程见表 2.1-1。

表 2.1-1　黄茅海跨海通道工程方案优化过程　　　　　　　　单位:m

时间	阶段方案		调整事项
	主跨方案	引桥方案	
2019.2.25	东东航道 640 东航道 300 西航道 120	30＋50	最初工可方案
2019.3.14	东东航道 640 东航道 610 西航道 120	35＋50	承台下埋泥面以下,扩大浅滩区跨径
2019.3.27	东东航道 680 东航道 680 西航道 120	①40＋60 ②40＋110	分区扩大跨径
2019.4.23	东东航道 680 东航道 680 西航道 300	①40＋60 ②60 ③60＋110 ④40＋60＋110	分区不同跨径的多方案比选
2019.5.23	东东航道 700 东航道 720 西航道 720	①40＋60＋96.6 ②40＋60＋108.8	重点调整、比选主流区桥跨布置方案
2019.6.26	东东航道 700 东航道 720 西航道 720	40＋60＋100	－3.5m 以浅水域桥跨为 40 m,其中 －3.5～－2.5 m 水域桥墩采用分幅墩
2019.9.17	东东航道 700 东航道 720 西航道 720	40＋60＋100	主墩墩型采用圆形
2019.11.15	东东航道 700 东航道 720 西航道 720	①40＋60＋70 ②40＋70 ③40＋60＋100	主流区桥跨、墩型调整,优化轴线布置
2019.12.5	东东航道 700 东航道 720 西航道 720	40＋60＋100	综合造价、施工等,优化布跨范围、墩型,提出推荐方案

结合珠江河口的港珠澳大桥、深圳至中山跨海通道工程设计经验,对中东侧敏感区重点对比 70 m、100 m 和 110 m 方案,中西部较敏感区重点对比 40 m、60 m 和 70 m 方案,西侧一般敏感区重点对比 35 m、40 m 和 60 m 方案。表 2.1-2 为不同桥跨的桥梁结构型式、施工工艺、要求、造价及适用性。图 2.1-6 为不同桥型示意图。

表 2.1-2　不同桥跨的桥梁结构型式

内容	混凝土梁	钢混组合梁	钢箱梁
合理跨径	<60 m	70~100 m	90~110 m
结构特点	全混凝土结构	桥面为混凝土结构腹板，底板为钢结构	全钢结构
施工方案	架桥机架设基本无吃水要求	浮吊吊装吃水要求至少 5 m	浮吊吊装吃水要求至少 5 m
耐久性	混凝土结构耐久性好	桥面铺装耐久性好，钢结构内部需要除湿，外部需要定期涂装防腐，海洋环境下耐久性差	桥面铺装容易发生病害，尤其对于超重车辆；钢结构内部需要除湿，外部需要定期涂装防腐，海洋环境下耐久性差
后期养护	混凝土结构后期养护简单	钢结构需要除湿及涂装，养护工作量大	钢结构需要除湿及涂装，养护工作量大
造价	9 000 元/m²	12 000 元/m²	16 000 元/m²

（a）混凝土梁构造 　　（b）钢混组合梁构造

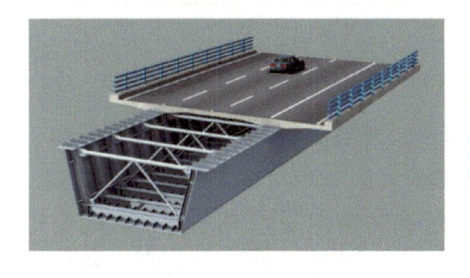

（c）钢箱梁构造 　　（d）钢箱梁吊装

图 2.1-6　不同桥型示意图

（1）中东侧敏感区

泄洪纳潮通道划分结果显示，中东侧敏感区为泄洪纳潮主通道，应尽可能采用大跨径结构型式。为此，结合水深条件及对应的港珠澳大桥、深圳至

中山跨海通道桥跨布置实例，对比 70 m、100 m 和 110 m 桥跨方案。根据表 2.1-2，70~100 m 为钢混组合梁结构，90~110 m 为钢箱梁结构，此段平均水深大于 5 m，三种跨径方案的桥梁吊装施工水深均能满足要求，在尽量减少对泄洪纳潮影响的前提下，重点选取更大跨径的 100 m 和 110 m 桥跨方案进行对比，通过对比知 110 m 钢箱梁桥面需采用环氧沥青混凝土，施工工艺要求极高，且已有案例表明易发生病害且更换成本高，而 100 m 跨径的钢混组合梁，可采用普通沥青混凝土，其施工难度可大幅降低，全寿命期造价大幅降低。为此，中东侧敏感区采用 100 m 跨径钢混组合梁结构。

表 2.1-3　中东侧敏感区桥跨对比

对比参数	100 m 跨径(19×100 m)	110 m 跨径(17×110 m)
梁高	4.7 m	4 m
桥墩尺寸	11 m×4 m	11 m×4 m
吊装重量及吃水	分幅梁重 2 300 t，吊重 2 800 t，吃水 4.8 m，疏浚深度 6.3 m	整幅梁重 2 500 t，吊重 3 000 t，吃水 4.8 m，疏浚深度 6.3 m；分幅梁重 1 300 t，吊重 1 600 t，吃水 4.0 m，疏浚深度 5.5 m
桥面铺装	普通沥青混凝土病害较少，更换成本低	环氧沥青混凝土易发生病害且更换成本高
建安费	11.0 亿(1.81 万/m²)	11.3 亿(1.87 万/m²)
全寿命造价	21.1 亿(3.47 万/m²)	30.1 亿(4.96 万/m²)
推荐	推荐方案	比较方案

(2) 中西部较敏感区

根据最新地形资料显示，中西部敏感区平均水深为 3~5 m，而 70 m 以上钢混组合梁和 90 m 以上的钢箱梁，均需采用浮吊吊装，吃水要求至少 5 m，施工过程中则要求大范围的疏浚，部分区域疏浚达 3 m，不论施工造价还是施工风险都会极大地增加。为此，中西部较敏感区考虑采用混合土梁结构型式，其施工方案为架桥机架设，基本无吃水要求，且混凝土结构具备耐久性好、后期养护简单、造价较低等优点，而目前混凝土梁跨径最大为 60 m，为此，中西部较敏感区采用 60 m 桥梁跨径方案。

(3) 西侧一般敏感区

西侧一般敏感区重点对比 40 m 和 60 m 桥梁跨径方案，考虑到该区域为陆域衔接区，桥面高度逐步下降，而 60 m 跨径梁板厚，铺设于水面上，形成的景观效果差(图 2.1-7),40 m 小跨径同时可保障桥面上下坡更为顺畅,经济性更优。为此,西侧一般敏感区采用 40 m 桥梁跨径方案。

表 2.1-4 低墩区桥梁跨径比选

对比参数	40 m 跨径	60 m 跨径
梁高	2.5 m	3.5 m
桥墩尺寸	4 m×2.2 m	7.5 m×3.2 m
景观效果	好	稍差
造价	4.3 亿(2.2 km,6 000 元/m²)	6.4 亿(2.2 km,9 000 元/m²)
推荐	推荐方案	比较方案

图 2.1-7 40 m 和 60 m 跨径景观效果对比图

(4) 最终推荐方案

跨海段采用全桥方案,东侧靠近珠海侧,东东航道位置的高栏港大桥采用 110 m+248 m+700 m+248 m+110 m 斜拉桥、中间主泄洪区黄茅海大桥采用 100 m+280 m+2×720 m+280 m+100 m 斜拉桥,非通航孔桥段,西侧-3 m 等深线以浅水域采用 40 m 桥跨,中间主泄洪区-5 m 等深线以深水域采用 100 m 桥跨,其余桥段采用 60 m 桥跨。

2.1.3.3 主桥承台

(1) 初始方案

承台出露泥面,浅水区承台出露水面,阻水大、景观差。

(2) 优化方案

桥墩:除高栏港大桥、黄茅海大桥主桥承台外,其余桥墩承台全部下埋泥面以下。

高栏港大桥跨东东航道,未来规划为 5 万 t 级航道;黄茅海大桥跨东航道、西航道,东航道规划为 3 万 t 级航道,西航道规划为 3 000 t 级航道。桥经过河段航道等级高,船撞力大(最大达 94.6 MN),引桥桥墩距离航道较远,承台已全埋入河床面以下,以尽可能减小阻水。而主桥的索塔和辅助墩、过渡墩距离航道近,下部结构受力为船撞力控制,需将承台置于水面附近,以保证结构安全。

2.2 工程建设方案

2.2.1 规模及设计标准

(1) 建设规模

工程推荐方案起点在珠海市平沙社区与鹤港高速顺接,与高栏港高速互通,向西经过平沙湿地公园南侧,跨越崖门口黄茅海水域,依次跨越崖门出海航道东东航道、东航道、西航道,至台山赤溪镇福良村,终点于台山斗山镇与西部沿海高速相交,对接新台高速,路线全长 31.3 km。

(2) 工程特性

按照《防洪标准》(GB 50201—2014),本工程属于交通运输设施特大桥梁工程,战略、经济意义重大,专供汽车高速行驶。

表 2.2-1 工程主要技术指标表

序号	指标名称		单位	主线备注
1	公路等级		—	高速公路
2	设计速度		km/h	100
3	路线长度		km	31.3
4	平曲线最小半径		m	1 500
5	平曲线占路线总长		%	48.68
6	竖曲线最小半径	凸形	m	16 905.023
		凹形		12 322.111
7	最短坡长		m	358.559
8	路基宽度		m	34
9	桥面宽度		m	33.5~55
10	行车道宽度		m	6×3.75

续表

序号	指标名称	单位	主线备注
11	桥涵设计荷载等级	—	公路Ⅰ级
12	地震动峰值加速度	—	0.10g

(3) 防洪(潮)标准

桥梁工程按300年一遇防洪(潮)标准设计。

(4) 工程等级

桥梁设计使用年限为100年,结构安全等级为一级。

(5) 主要技术标准

公路等级:高速公路。

设计速度:100 km/h。

行车道数:双向六车道。

设计使用年限:按100年设计使用年限。

最高通航水位:2.33 m。

最低通航水位:−1.37 m。

设计水位:1.28 m。

设计荷载:汽车荷载选用公路Ⅰ级。

地震设防标准:工程区地震基本烈度为7度,设计基本地震加速度值为0.10g,抗震设防等级为8度。

桥梁抗风设计标准:设计基本风速采用桥址处100年重现期10 m高度10分钟平均年最大风速44.3 m/s。

横断面宽度:主线桥梁横断面组成——2×[0.75 m(中央分隔带)+0.5 m(护栏)+0.75 m(左侧路缘带)+3×3.75 m(行车道)+3 m(右侧硬路肩)+0.5 m(护栏)]=2×16.75 m。

桥梁梁底标高:梁底最大标高75.7 m(黄茅海大桥),赤溪围跨堤桥梁底标高8.3 m,平沙新城跨堤桥梁底最小标高46.6 m。

2.2.2 主桥

跨海段采用桥梁方案,东侧靠近珠海侧,东东航道位置的高栏港大桥采用110 m+248 m+700 m+248 m+110 m斜拉桥、中间主泄洪区黄茅海大桥采用100 m+280 m+2×720 m+280 m+100 m斜拉桥,非通航孔桥段,西侧－3 m等深线以浅水域采用40 m桥跨,中间主泄洪区－5 m等深线以深水域采用100 m桥跨,其余桥段采用60 m桥跨。

桥墩:除主桥桥墩外,其余桥墩承台全部下埋泥面。

表2.2-2 黄茅海跨海通道工程沿程桥跨平面布置(评价范围内)

起点桩号	终点桩号	桥名	桥跨布置(孔×跨径)(m)	桥长(m)
K2+744.000	K3+344.000	东引桥	10×60	600
K3+344.000	K4+760.000	主桥1: 高栏港大桥	110+248+700+248+110	1 416
K4+760.000	K6+360.000	中引桥	16×100	1 600
K6+360.000	K8+560.000	主桥2: 黄茅海大桥	100+280+2×720+280+100	2 200
K8+560.000	K11+680.000	西引桥	52×60	3 120
K11+680.000	K16+200.000	浅滩区引桥	113×40	4 520
		小计		13 456

1) 高栏港大桥

高栏港大桥拟采用110 m+248 m+700 m+248 m+110 m钢箱梁斜拉桥。

(1) 主梁

分离式钢箱梁由两个钢箱梁及横向连接箱组成。钢箱梁梁高4.0 m。拉索桥面处横向间距46.9 m。单侧顶板宽17.0 m,风嘴宽2.7 m,平底板宽6.5 m,外侧斜底板宽5.5 m,内侧斜底板宽5 m。每个拉索位置设置横向连接箱,横向连接箱宽3.0 m,高4.01 m。

(2) 斜拉索

斜拉索采用平行钢丝拉索,钢丝采用 $\phi 7$ 高强度镀锌钢丝,标准强度均为1 770 MPa,钢丝外绕包高强度聚酯纤维带再热挤双层HDPE护套。斜拉索上设置减振阻尼器。

(3) 索塔及基础

索塔采用混凝土独柱型索塔。塔底截面为圆形截面,直径18 m,在塔底到高程+71.76 m(桥面附近)过渡到圆端形截面,尺寸为13 m×10 m(顺桥向×横桥向),壁厚2 m。高程+71.76 m到+168.26 m范围内过渡到直径8.5 m的圆形,壁厚由2 m过渡到1.5 m。高程+168.26 m到塔顶范围内过渡到塔顶的直径11 m的圆形,壁厚为1.2 m。

承台主跨采用椭圆形,长轴46 m,短轴35 m,承台顶标高2.756 m,塔座高 3 m,承台厚 5 m,封底厚 2.5 m。基础采用 29 根直径 3.0 m 钻孔灌注桩。

(4) 桥墩及基础

大里程辅助墩桩基根数为 14 根,其余桥墩桩基根数为 10 根。桩基采用直径 3.0 m 钻孔灌注桩,桩顶设直径 3.2 m 钢护筒。大里程辅助墩承台为长轴 38 m、短轴 20 m 的椭圆形;其余辅助墩及过渡墩承台为长轴 30.4 m、短轴 18 m 的椭圆形,承台厚度均为 4 m。

2) 黄茅海大桥

黄茅海大桥拟采用 100 m+280 m+2×720 m+280 m+100 m 钢箱梁斜拉桥。

(1) 主梁

主梁方案采用分离式钢箱梁,两个封闭钢箱横桥向拉开距离为 11 m,用横向连接箱梁加以连接。梁高 4 m,主梁全宽 50.5 m(含风嘴),顶板宽 46.9 m,风嘴宽 1.8 m,平底板两边设置检查车轨道及轨道导风板。

(2) 索塔及基础

索塔采用混凝土独柱型索塔。塔底截面为圆形截面,直径 18 m,在塔底到高程+78.328 m(中塔)/+69.871 m(边塔)范围内过渡到圆端形截面,尺寸为 13 m×10 m(顺桥向×横桥向),壁厚 2 m。高程+78.328 m(中塔)/+69.871 m(边塔)到 177.828 m(中塔)/+169.371 m(边塔)范围内过渡到直径 8.5 m 的圆形,壁厚在高程+119.871 m(边塔)/+128.328 m(中塔)到+124.871 m(边塔)/+133.328 m(中塔)范围由 2 m 过渡到 1.5 m。高程+177.828 m(中塔)/+169.371 m(边塔)到塔顶范围内过渡到塔顶的直径 11 m 的圆形,壁厚为 1.2 m。

双主跨斜拉桥,承台采用椭圆形,中塔承台长轴 46 m,短轴 35 m,基础采用 32 根直径 3.0 m 钻孔灌注桩。两侧东航道、西航道主墩相同,长轴 43 m,短轴 32 m,基础采用 24 根直径 3.0 m 钻孔灌注桩。塔座高 3 m,承台厚 5 m,封底厚 2.5 m。

(3) 桥墩及基础

过渡墩、辅助墩采用圆端形墩,椭圆形承台。珠海侧承台为长轴 30 m、短轴 20 m 的椭圆形,承台顶高程+3.5 m,承台厚 5 m,下设 13 根直径 3.0 m 的钻孔灌注桩。江门侧承台为长轴 27 m、短轴 16 m 的椭圆形,台顶高程+3.5 m,承台厚 5 m,下设 8 根直径 3.0 m 的钻孔灌注桩。高栏港大桥桥型布置立面图等如图 2.2-1 至图 2.2-9 所示。

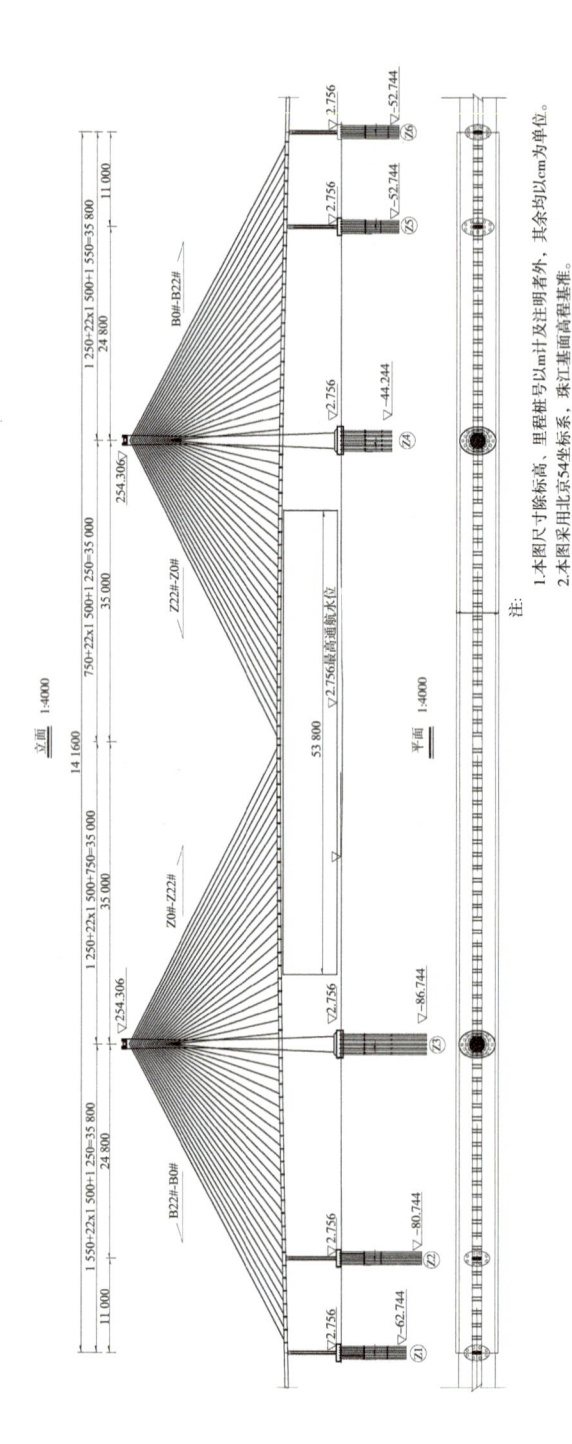

图 2.2-1 高栏港大桥桥型布置立面图

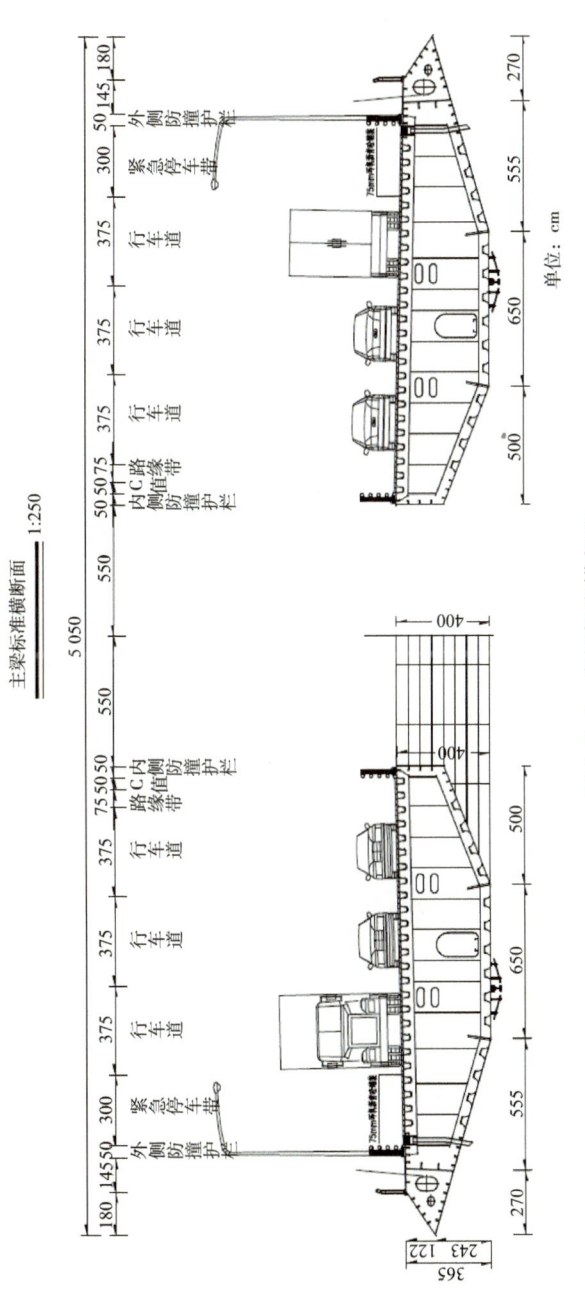

图 2.2-2 主梁标准横断面

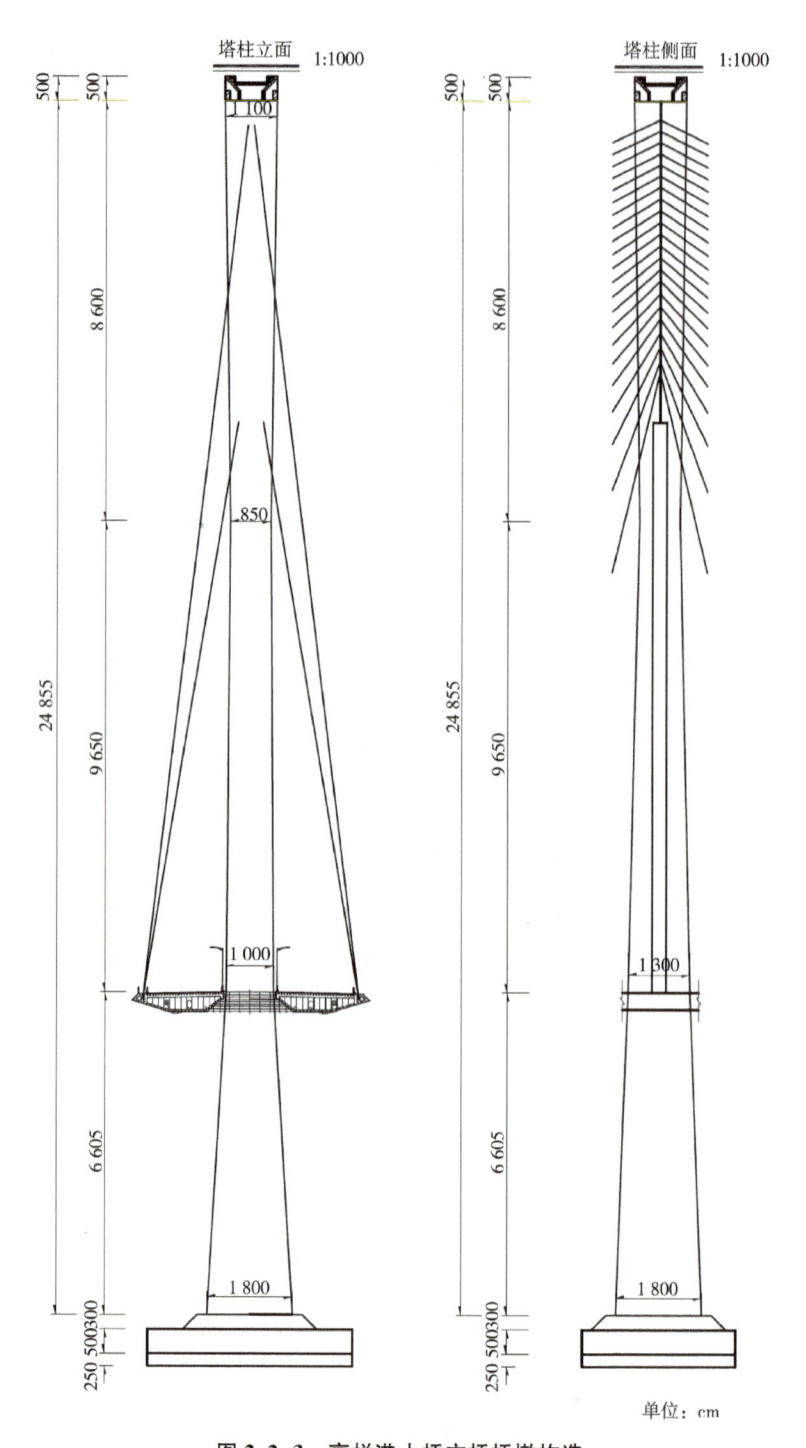

图 2.2-3　高栏港大桥主桥桥墩构造

2 基本情况

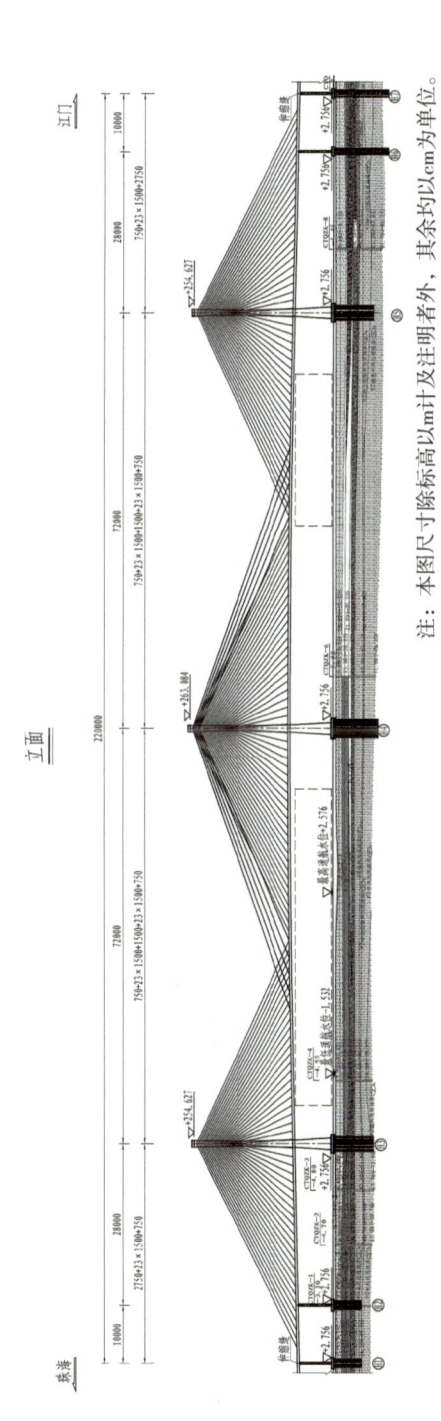

图 2.2-4 黄茅海大桥桥型布置立面图

041

图 2.2-5 主梁标准横断面

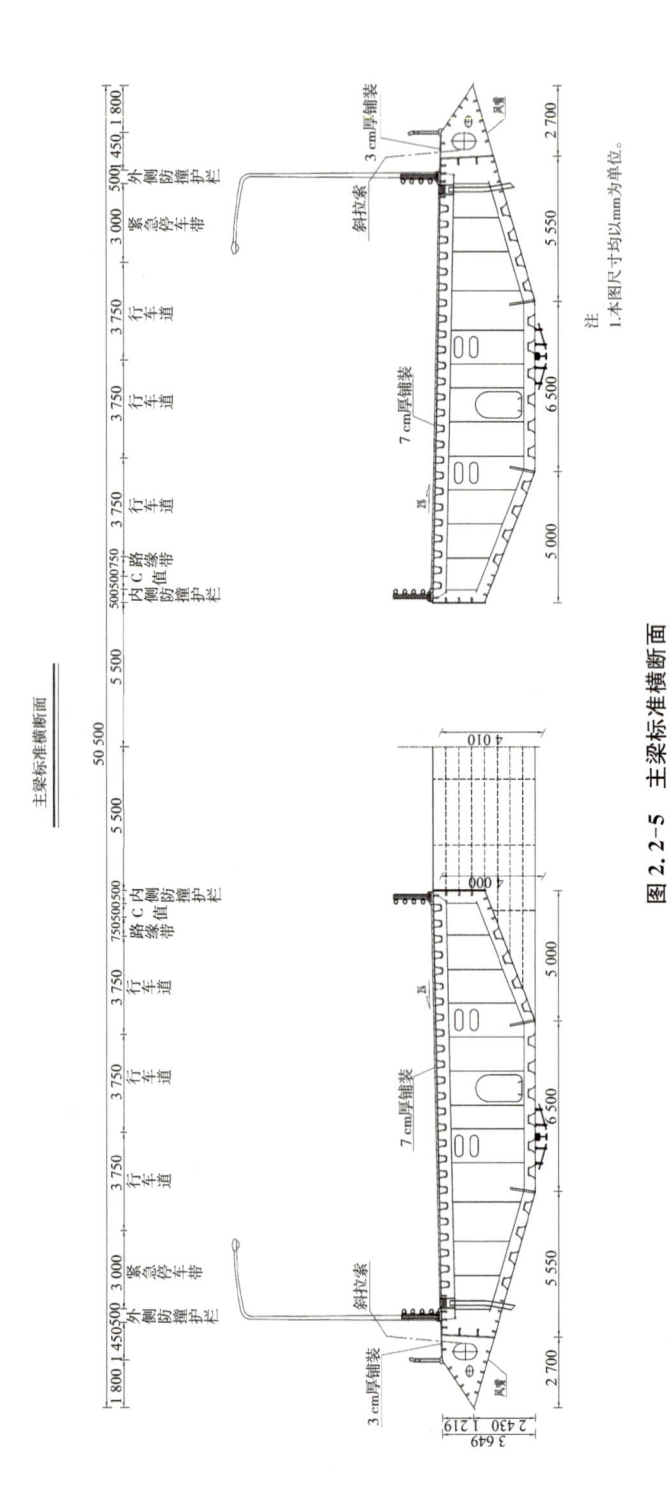

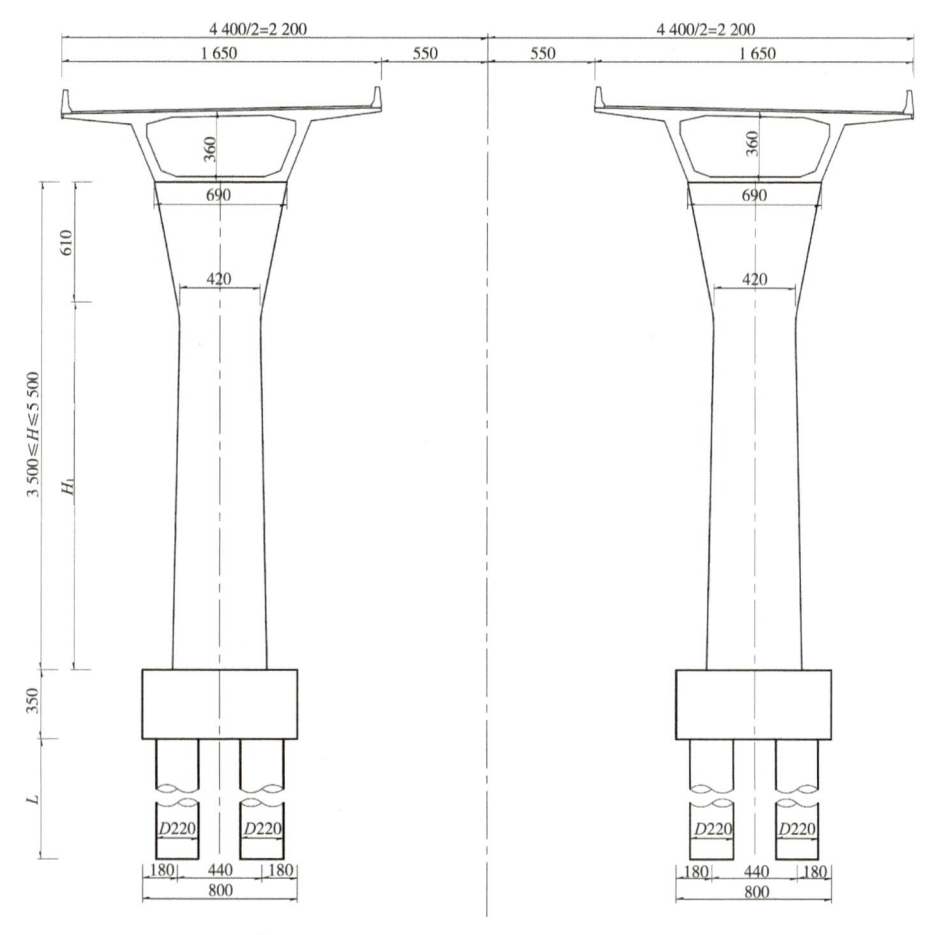

注：
1、本图尺寸除里程、高程及曲线要素以m计外，其余均以cm为单位。
2、设计荷载：公路Ⅰ级。
3、设计高程采用珠江基面高程基准。

图 2.2-6　珠海—高栏港大桥之间 60 m 跨引桥桥墩构造

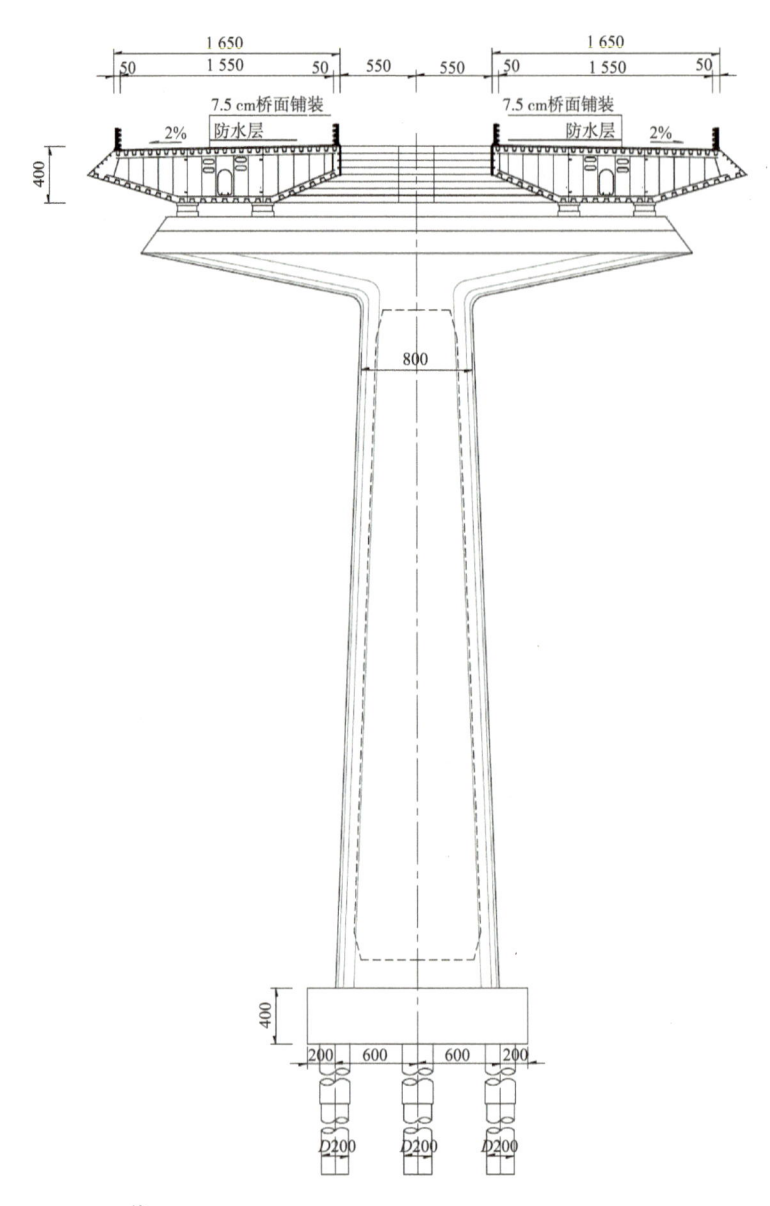

注:
1、本图尺寸除里程、高程及曲线要素以m计外,其余均以cm为单位。
2、设计荷载:公路Ⅰ级。
3、设计高程采用珠江基面高程基准。

图 2.2-7　中间 100 m 跨桥墩构造

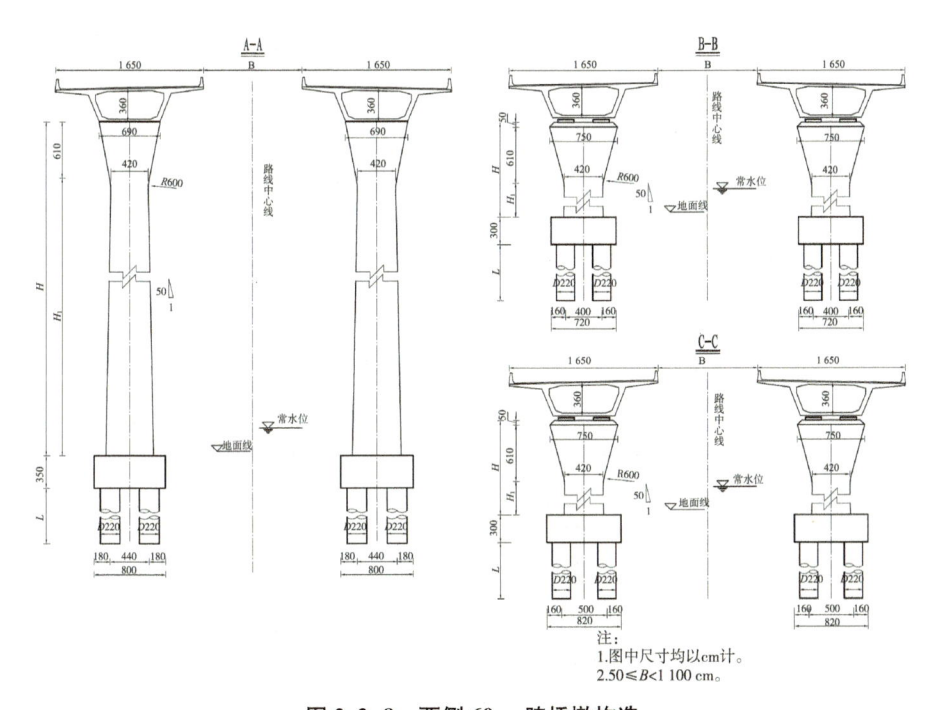

图 2.2-8 西侧 60 m 跨桥墩构造

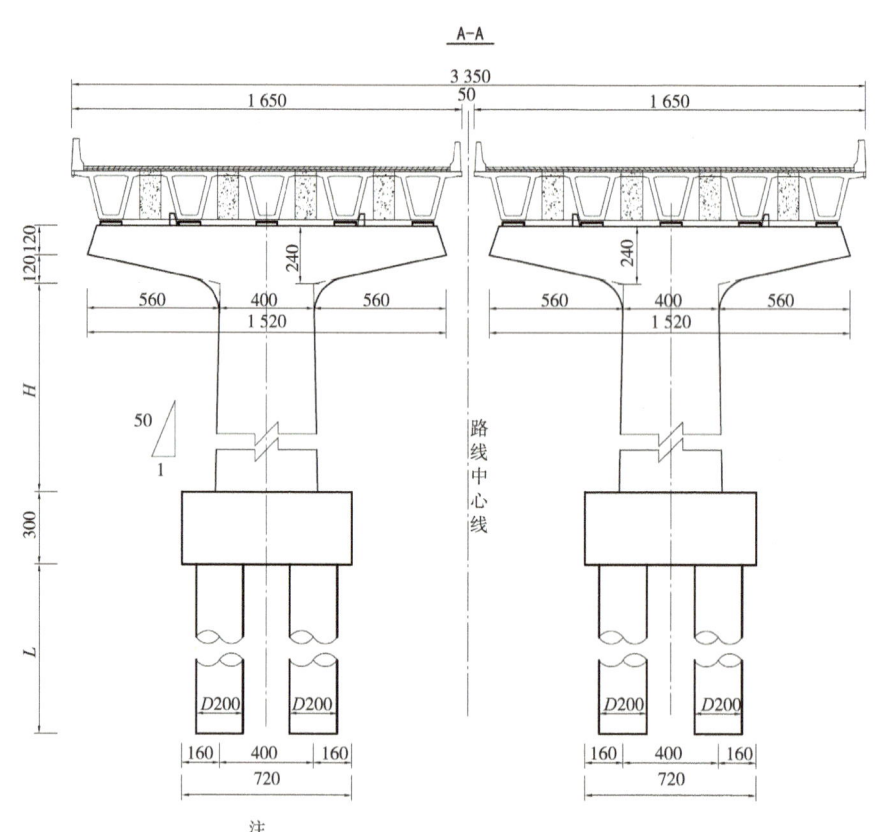

注
1.本图尺寸除标高、里程桩号以m计外,其余均以cm计。
2.本图采用珠江基面高程基准

图 2.2-9　西侧 40 m 跨桥墩构造

2.2.3 水中引桥

本项目航道为人工疏浚航道,非通航区域分为深水区和浅水区,深水区位于高栏港大桥和黄茅海大桥之间的水域,采用 100 m 跨径钢箱梁。上部结构采用 6 孔一联等跨径布置。下部结构采用整幅 T 形墩、桩基础,桥墩截面尺寸为 8.0 m×4.0 m～12.0 m×4.0 m,设置 6 根直径 2.0 m 桩基础。

高栏港大桥以东及黄茅海大桥以西为浅水区,目前没有大船通航要求,船撞风险较低,采用 60 m＋40 m 跨径,60 m 上部结构采用节段梁,梁高 3.6 m,施工方法采用节段预制拼装方案。下部结构采用分幅花瓶墩、桩基础,桥墩截面尺寸为 4.2 m×3.2 m～7.5 m×3.2 m,设置 4 根直径 2.2 m 和直径 2.0 m 桩基础;40 m 上部结构采用预制小箱梁,梁高 2.0 m,下部结构采用分幅 T 形墩、桩基础,桥墩截面尺寸为 4.0 m×2.2 m～6.5 m×2.2 m,单幅设置 2 根直径 2.0 m 桩基础。

2.2.4 工程阻水情况

根据珠江河口治导线规划,"潮优型河口崖门应尽可能维持足够大的纳潮容积,为此,口外治导线布置为喇叭状形态,以利纳潮……崖门外的黄茅海,东、西治导线也沿东、西边滩布置,形成喇叭状河口形态"。

从黄茅海跨海通道沿程水下地形不同,两侧靠近岸线部分水深较浅。江门侧,西滩水浅且面积大,低潮位期间大面积露滩;珠海侧,东滩面积小,平均水深大于西滩,见图 2.2-10。

桥址位于黄茅海腰部,河口放宽段,桥址附近水域河宽约 12～15 km,河底平均高程－3.7 m。

● 工程所在的东侧水域:航道主槽略偏珠海侧,主槽水域最深超过－5 m,其余水域基本在－2～－3 m。

● 工程所在的西滩水域:西侧为黄茅海西滩,地形平坦,面积大,0～3 m 以浅滩涂宽度达 3 km。

● 工程所在东东航道水域:即高栏港大桥水域,为人工开挖航道,属近岸港口航道,下游连接高栏港出海航道,河床最低高程在－4 m 以下。

● 工程所在黄茅海东、西航道水域:即黄茅海大桥水域,西航道为规划航道,河床为－5 m 以深水域,东航道位于深水区,上接崖门出海航道。

● 主行洪区:两座主桥之间河段为黄茅海水流涨、泄主通道,靠近高栏港大桥约 300 m 范围内位于-5 m 等深线以浅水域,其余水域均在-5 m 等深线以深水域,是主要的纳潮、行洪通道。

从工程平面布置方案来看,两座主桥高栏港大桥(110 m+248 m+700 m+248 m+110 m)、黄茅海大桥(100 m+280 m+2×720 m+280 m+100 m)布置在深水区,同时为航道/规划航道所在水域,主跨及辅跨均采用大桥跨方案；中间主行洪区亦采用 100 m 的大跨度设计方案,控制工程建设对水流的影响。

为保障东西两槽的动力畅通,维持区域滩槽格局的稳定,尽量减小工程建设对泄洪纳潮通道的影响,通过线位比选、桥跨设计、桥墩优化研究,在潮汐、泄洪主通道水域,其线位与涨落潮流的主流向基本垂直,有效控制了阻水比。

经计算,黄茅海跨海通道工程阻水比如表 2.2-3 所示。由表可见,桥跨较小的西侧段阻水比最大,高栏港大桥所在的东侧段次之,中段最小。全桥段平均阻水比 9.34%,百年一遇潮位条件下阻水比 9.77%。

表 2.2-3　黄茅海跨海通道工程阻水比

计算水位	阻水比(%)			
	东侧 (高栏港大桥)	中部 (100 m 区)	西侧 (60 m+40 m 区)	全断面
	第一段	第二段	第三段	
3.26 m(0.33%)	11.01	5.90	11.30	9.82
3.14 m(0.5%)	11.01	5.90	11.29	9.80
2.94 m(1%)	10.99	5.89	11.27	9.77
2.74 m(2%)	10.98	5.89	10.70	9.43
2.47 m(5%)	10.96	5.88	11.22	9.69
2.26 m(10%)	10.94	5.88	10.66	9.35
2.04 m(20%)	10.92	5.87	10.59	9.29
1 m	10.79	5.85	10.14	8.94
均值	10.91	5.87	10.64	9.34

注：投影断面见图 2.2-10。

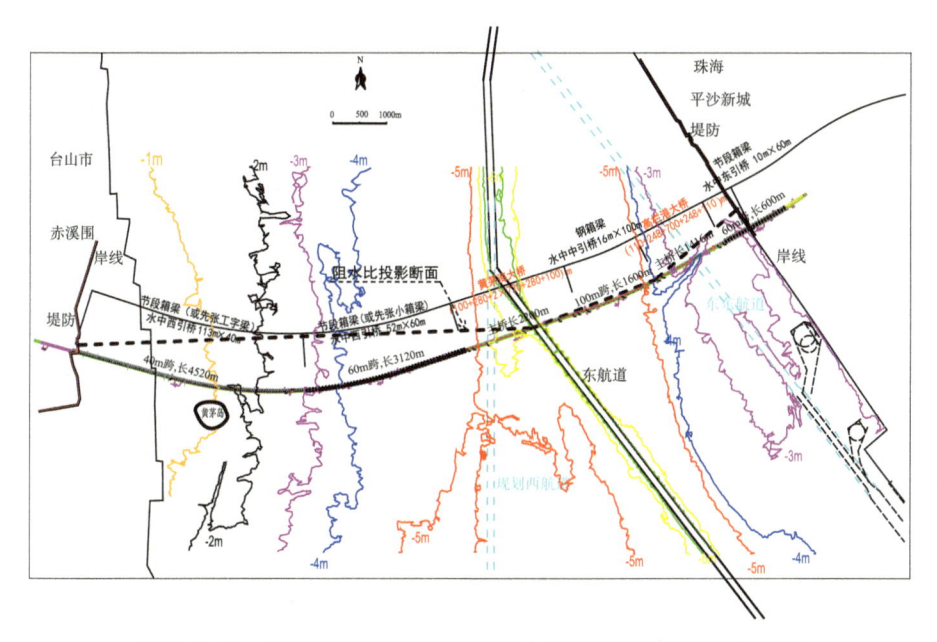

图 2.2-10　黄茅海跨海通道工程桥址水域河势及阻水投影断面图

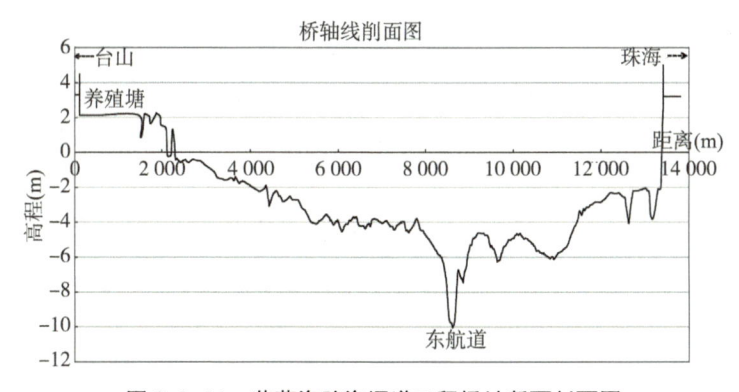

图 2.2-11　黄茅海跨海通道工程桥址断面剖面图

2.2.5　占用河道管理范围内土地及建设设施情况

根据《中华人民共和国河道管理条例》第二十条，"有堤防的河道，其管理范围为两岸堤防之间的水域、沙洲、滩地（包括可耕地）、行洪区、两岸堤防及护堤地"。

参考《海堤工程设计规范》（GB/T 51015—2014），海堤工程的护堤地范围，1 级海堤为从海堤到坡脚线外 30~50 m，本次研究按 30 m 考虑。

黄茅海跨海通道工程的珠海侧登陆点位于平沙新城段海堤,台山市赤溪镇登陆点位于赤溪围海堤。

黄茅海跨海通道工程位于黄茅海腰部位置,主要占用水域的工程为沿线桥墩,从东岸平沙新城至西岸赤溪堤围之间桥长 13.5 km。东侧与堤防搭接段桥面宽 44 m,高栏港大桥-黄茅海大桥(东、西航道)主桥部分 55 m 宽,黄茅海大桥以西桥面逐渐缩窄,赤溪堤围段桥面宽 33.5 m,河道管理范围内桥梁占用水域总面积为 594 739.3241 m²,约 0.595 km²。

2.2.6 工程与堤防的搭接关系

(1) 东岸:珠海市平沙新城堤围

工程建成前堤防防潮能力为 50 年一遇。堤防典型断面图、跨堤位置堤防与桥梁的搭接关系见图 2.2-12,桥墩距离堤防坡脚线距离均超过 11 m。

工程建成后规划堤防防潮能力提高至 100 年一遇,堤顶高程 5.01 m,堤顶临水侧加铁栏杆,工程与平沙新城海堤堤岸的搭接关系如图 2.2-13 和图 2.2-14 所示,桥墩错开堤身,保证海堤的完整性,迎水坡距离堤脚最小距离为北墩 3.59 m,背水坡距离堤脚最小距离为南墩 5.06 m;承台距离坡脚线较近,迎水坡北墩距离坡脚线为 0.89 m,背水坡南墩距离坡脚线为 2.35 m。

跨堤位置桥梁梁底高程为 46.6 m,桥梁与规划海堤净空为 41.6 m,超过 5.5 m,满足相关要求;跨堤位置桥梁设计方案与堤防净空关系见图 2.2-15。

(2) 西岸:台山市赤溪堤围

工程建成前堤防:无完善的封闭海堤,防潮能力弱,目前海堤是在塘埂基础上铺设的土堤,搭接段上下游无防浪墙。

工程建成后规划堤防:赤溪围海堤正在进行升级加固改造,改造后防潮能力提高至 20 年一遇,赤溪堤围海堤工程堤顶高程 3.30 m,防浪墙顶高程 4.50 m。

大桥登陆位置,保证桥墩不放在堤身,堤防在桥跨中间对称布置,桥墩距离迎、背水坡 3.75 m,承台距离坡脚线 3.05 m,搭接关系见图 2.2-16。

跨堤位置桥梁梁底高程为 9.96 m,桥梁与海堤净空 6.66 m,跨堤位置桥梁与堤防净空关系见图 2.2-17。

2.3 河道基本情况

2.3.1 水域概况

黄茅海水域位于珠江三角洲西侧的入海口湾,图 2.3-1,由崖门和虎跳门两水道汇入,上承接潭江和西江来水。

黄茅海是珠江三角洲西部的一个喇叭形河口湾。海湾海区面积约 443 km^2(理论深度基面 0 以下水域)。北部湾顶通过崖门、虎跳门分别与潭江和西江相通。中部有赤鼻、独崖、二崖、白排、黄茅、獭洲、三角山等小岛星布,海湾外缘有岛屿屏障,该海区岛屿众多,岛屿间形成峡湾,各岛相互独立且均系晚冰期时期海面上升,经受剥蚀和侵蚀作用形成的无滩孤岛地貌。从湾顶至湾口长约 40 km,其中从崖门口至三虎(湾腰)长约 20 km,宽约 11.2 km,在三虎以下,水面突然展宽,且喇叭湾中轴线由北北东方向(NNE)转向东南方向(ES)。湾口宽约 24 km,有二列东东北-西西南方向(EEN-WWS)的岛屿分布于湾口作为屏障,其中外列岛为高栏岛、荷包岛和小襟岛,内列岛为南水岛、三角山岛和大襟岛。内外列岛将湾口分隔成三个出海口门,即荷包岛与高栏岛之间的东口门,称为东槽,为一潮汐通道,直通崖门深槽;大襟岛与荷包岛之间的中口门,称为西槽(中口门深槽),亦为一潮汐通道,但只达拦门沙浅滩,未能贯通黄茅海;大襟岛以西至台山县陆域为西口门,其水深较浅,不是主要通道。

黄茅海具有较清晰的滩槽分布格局和地貌形态。湾内水下地形呈东、中、西三滩和东、西两槽的"三滩两槽"基本地貌格局。自崖门水道和虎跳门水道交汇处起,至白排岛以东为汇流水道深槽,再往下为东、西两槽,东槽(主槽)经三角山西的峡口,出荷包岛与高栏岛峡口入南海,长 11.8 km,水深普遍大于 7 m,局部达 15 m;西槽经大杧岛-大襟岛峡口入南海,长 14.2 km,主要由涨潮流作用形成,水深 6~10 m。深槽和西槽以西为西滩,是最大的浅滩,水深普遍小于 2 m,赤鼻岛西北广阔浅滩已被围垦,下游段浅滩分布在岸线前沿水域。深槽和东槽以东为东滩,上段基本上已被围垦,下段为大海环浅滩,水深普遍小于 2 m。东槽与西槽之间的浅滩,即大杧岛西北部的浅滩,称为拦门沙浅滩(中滩),呈西北-东南走势,上接主槽,下接中口深槽,水深在 2~4 m,宽度为 2 500~3 500 m。

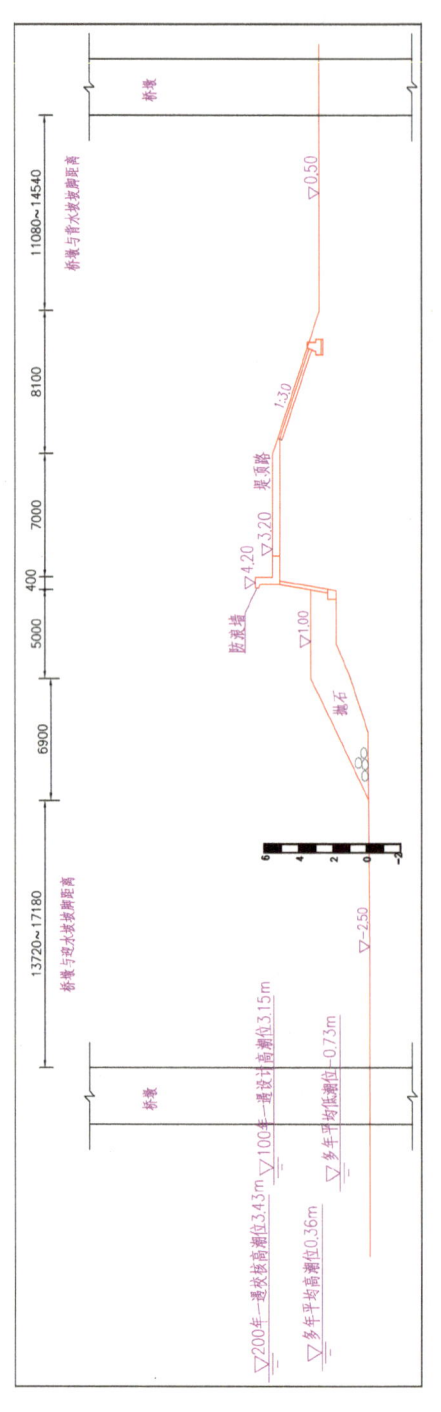

图 2.2-12　东岸珠海侧平沙新城海堤典型断面及其与桥梁的关系（高程单位 m，其余尺寸单位 mm）

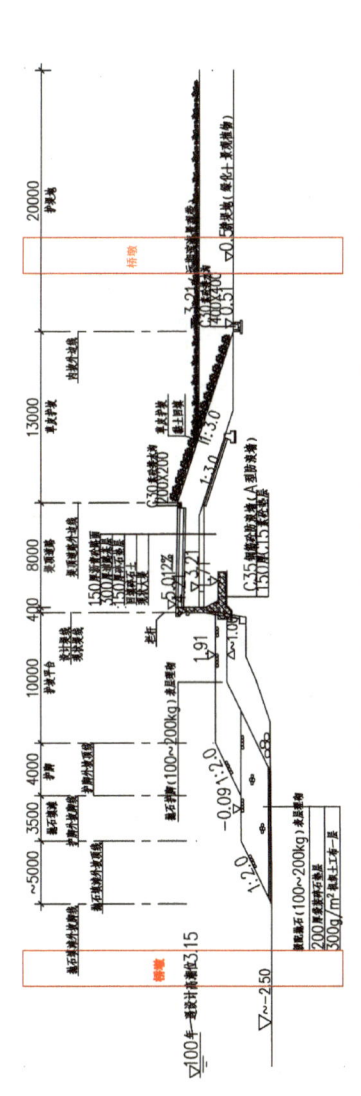

图 2.2-13 东岸珠海侧平沙新城规划海堤升级改造设计典型断面与现状堤防断面的关系（高程单位 m，其余尺寸单位 mm）

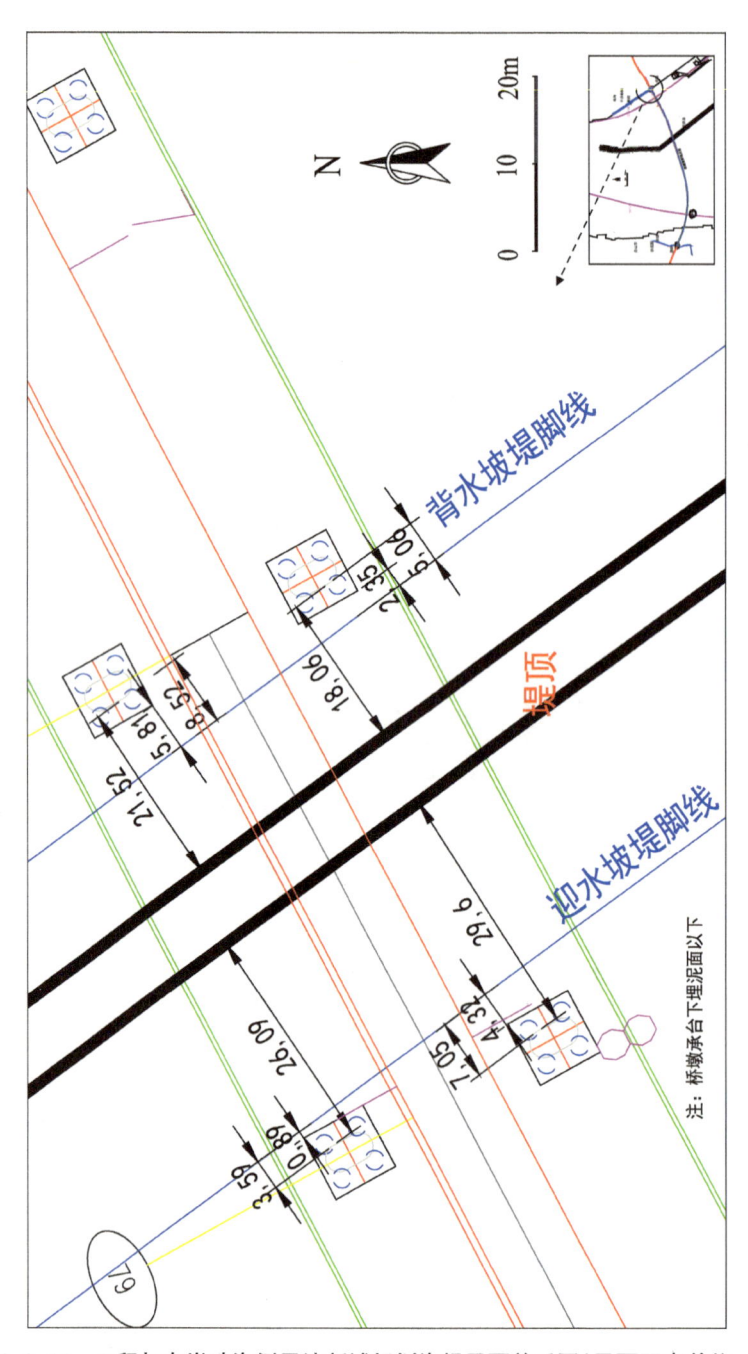

图 2.2-14　工程与东岸珠海侧平沙新城规划海堤平面关系图（平面距离单位 mm）

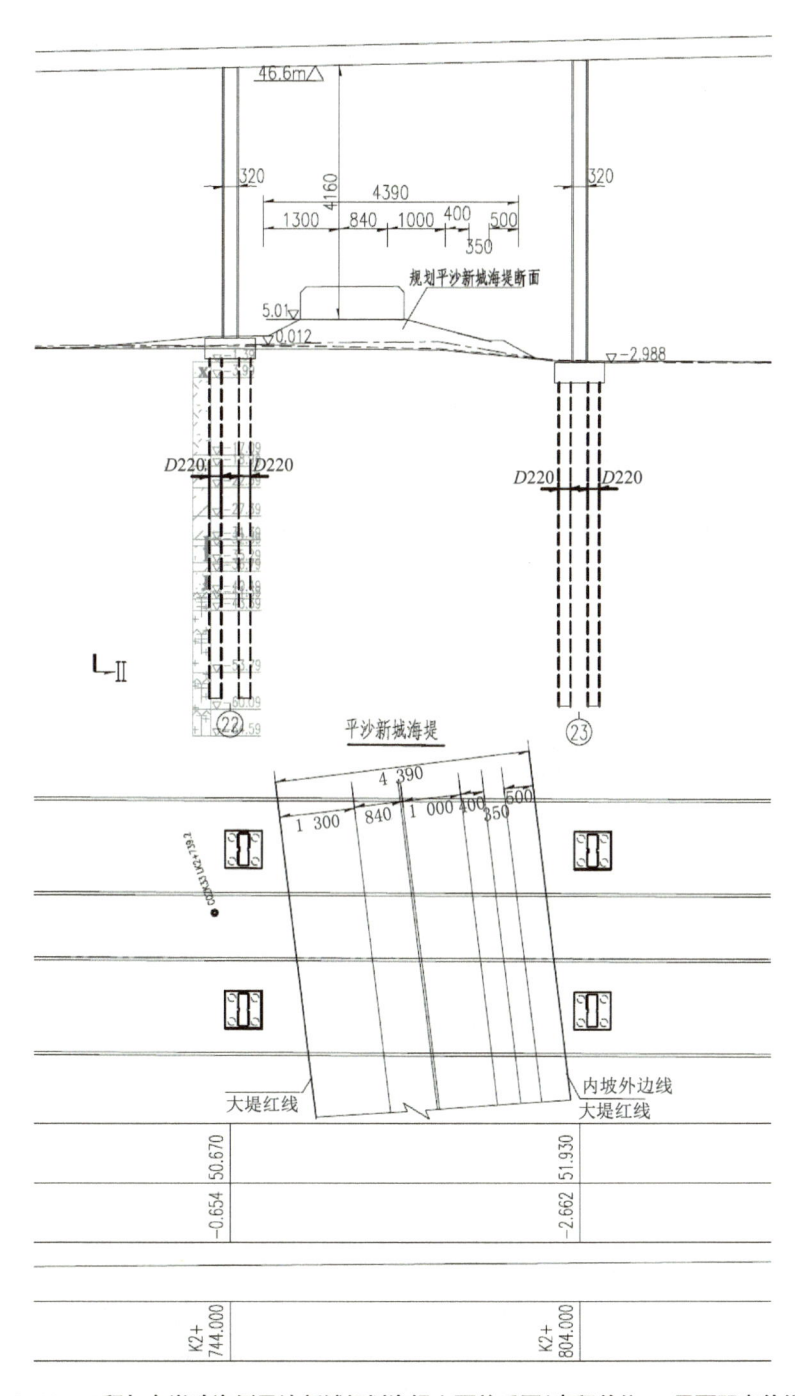

图 2.2-15　工程与东岸珠海侧平沙新城规划海堤立面关系图(高程单位 m,平面距离单位 cm)

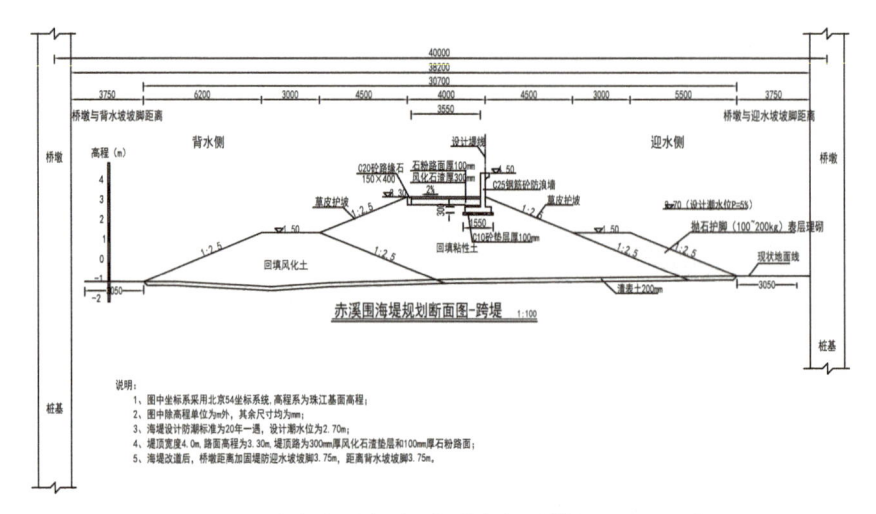

图 2.2-16　西岸台山侧赤溪围桥墩与堤防搭接位置剖面关系图

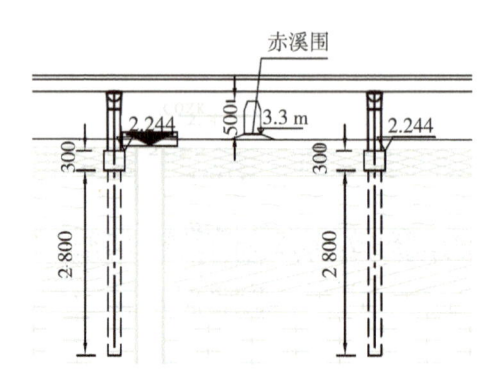

图 2.2-17　西岸台山侧赤溪围桥墩与规划堤防搭接位置
立面关系图(高程单位 m,其余尺寸单位 cm)

2.3.2　气象特征

2.3.2.1　气温、日照、霜日

(1) 气温

根据气象站资料统计,研究区域多年平均气温为 22 ℃左右。平均最高气温多发生在 7 月份,平均气温在 28 ℃以上,历年最高气温新会站为 38.2 ℃ (1994-7-11),斗门站为 35.5 ℃(1969-7-27);最低气温在 1 月份,多年平均气温在 13～14 ℃之间,历年最低气温为 0.1 ℃(1963-1-16)。

(2) 日照

据资料统计,多年平均日照时数,新会站为 1 640.5 小时,斗门站为 1 904.9 小时;两站最长日照时数分别为 1 888.2 小时(1971 年)和 2 552.1 小时(1971 年);最短日照时数分别为 1 507.0 小时(1973 年)和 1 763.0 小时(1972 年)。日照时数在年内分配的变化,一般是 7 月份的日照时数较长,新会站为 200.4 小时,斗门站为 212.0 小时;3 月份的日照时数最短,新会站为 68.3 小时,斗门站为 89.7 小时。从上述统计可见,日照时数无论在年际变化方面,或是在年内分配方面都存在着较大的差异。

(3) 霜日

据新会、斗门站资料统计,多年平均霜日分别为 2.2 天和 0.6 天,最长霜日为 7 天和 3 天,多发生在 1 月份。初霜最早新会站是 1962 年 12 月 3 日,斗门站为 1975 年 12 月 22 日;终霜最迟新会站为 1973 年 2 月 28 日,斗门站为 1968 年 2 月 6 日。

2.3.2.2　降水量、蒸发量和相对湿度

(1) 降水量

新会站、黄冲站及附近的万亩水库站、龙门水库站、东方红水库站和扫杆塘水库站资料统计显示,本地区多年平均降水量为 1 785~3 258 mm,最大年降水量为 4 458 mm(扫杆塘水库站 1981 年),最小年降水量为 905.8 mm(黄冲站 1977 年)。各站降水量年际变化较大,最大年与最小年的比值,一般为 2.50~3.32。降水量的年内分配极不均匀,汛期 4 月—9 月降水量占年总量的 80%以上,枯水期 1 月—3 月、10 月—12 月降水量不足年总量的 20%,而汛期降水量主要集中于 5 月—8 月,占年总量的 60%以上,因此,汛期易涝,冬春易旱。

(2) 蒸发量

以新会站为例进行统计分析,多年平均蒸发量为 1 641.6 mm,最大年蒸发量为 1 887.7 mm(1971 年),最小年蒸发量为 1 252.7 mm(1985 年)。蒸发量的年际变化差异较小,但在年内分配的差异还是比较大的,通常 5 月—10 月蒸发量较大,蒸发量一般都在 100 mm 以上,其中 7 月蒸发量最大,在 130 mm 以上。5 月—10 月蒸发量占年总量的 60%以上,冬、春蒸发量小,夏、秋蒸发量大。

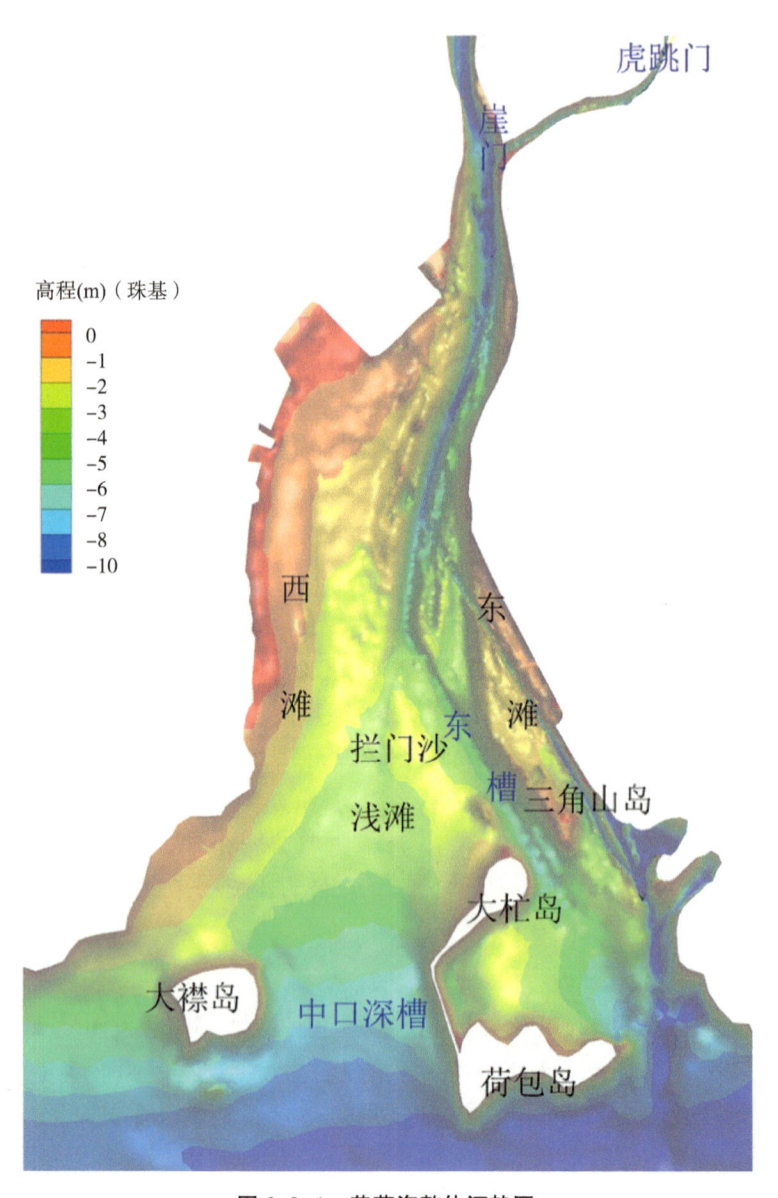

图 2.3-1　黄茅海整体河势图

(3) 相对湿度

新会、斗门站资料统计显示,多年平均相对湿度为82%。秋、冬相对湿度小,春、夏相对湿度大。最大相对湿度可达95%以上,最小相对湿度不足10%。

2.3.2.3 风

(1) 风向、风频

根据江门气象台新会气象站1989—2008年的风向观测资料统计,江门市新会区风向、风频情况见图2.3-2。

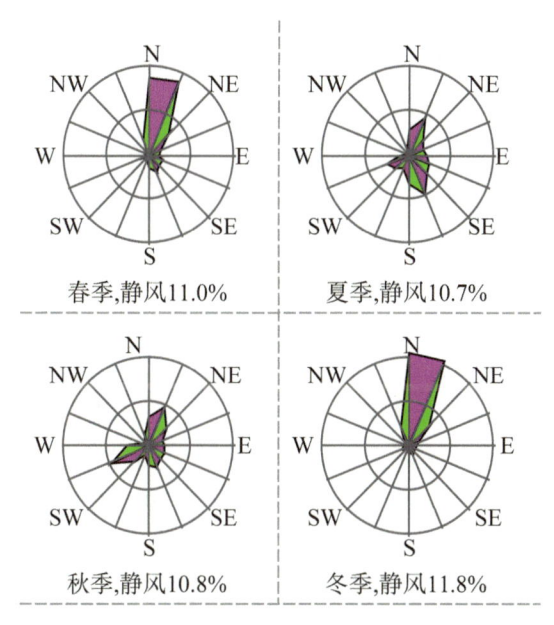

图 2.3-2　新会区 1989—2008 年风向玫瑰图

(2) 风速

利用江门市气象台新会气象站2006—2008年的地面气象资料进行统计分析,月平均风速以冬季11月—次年1月最大,为3.02~3.28 m/s;6月平均风速最小,约2.17 m/s;全年平均风速约2.72 m/s。

2.3.3 水文泥沙特征

2.3.3.1 径流特征

(1) 径流特性

黄茅海上游径流主要来自崖门水道和虎跳门水道,其中崖门水道承泄潭江和西江支流(江门水道、虎坑水道)径流。经崖门、虎跳门汇入黄茅海的径流量分别为 147 亿 m³/a、128 亿 m³/a，占八大口门总量的 4.5% 和 3.9%。

崖门水道及虎跳门水道径流的年内分配极不均匀，主要集中在汛期 4 月—9 月，崖门水道官冲站汛期径流量占全年径流量的 66.4%，虎跳门水道西炮台站径流量占全年径流量的 77.7%。

(2) 洪水特性

西江的较大洪水往往由几场连续暴雨形成，洪水的特点是峰高、量大、历时长、涨落较慢，一次较大的洪水过程一般历时 30～40 d，多为复峰型。西江下游梧州站调查最大洪峰流量为 54 500 m³/s(1915 年 7 月)，实测 1998 年 6 月大洪水洪峰流量为 52 900 m³/s，2005 年 6 月大洪水洪峰流量为 53 900 m³/s。洪水进入河网区后逐渐坦化。西江发洪时间一般在 5 月—8 月，西江控制站马口站年最大洪峰多出现在 6 月—8 月，占全年峰现总数的 85.7%。

潭江流域内雨量充沛，上游多暴雨洪水，下游多台风暴潮。洪水主要由锋面雨、台风雨、低槽等气象因素导致。历史查测潭江潢步头水文站 1892 年 5 月 1 日发生水位达 10.68 m 大洪水，流量 3 570 m³/s，1908 年 9 月 17 日发生水位达 10.52 m 大洪水，流量 3 130 m³/s。1949 年后潭江曾发生几场大洪水，以 1968 年洪水最大，潢步头站实测最高水位 9.88 m，流量 3 870 m³/s(1968 年 5 月 24 日)，2005 年 6 月大洪水期间，石咀最大洪峰流量为 4 100 m³/s。

西江马口站实测最大流量为 52 100 m³/s(2005 年 6 月 24 日)，此时分配到银洲湖水道的流量为 2 030 m³/s，如果西江实测的最大洪水和潭江实测最大洪水遭遇的话，银洲湖水道的洪峰流量可能达到 6 130 m³/s。

2.3.3.2 潮汐特征

(1) 潮位

黄茅海是弱径流强潮流的河口湾，湾顶上游崖门水道的黄冲站潮汐判别数 $F=1.36$，虎跳门水道的西炮台站潮汐判别数 $F=1.37$，分潮振幅 K_1 介于 0.2～0.5，显示黄茅海的潮汐类型属不规则半日混合潮型，在一个太阴日内(约 24 小时 50 分)出现两次高潮和两次低潮，潮高、潮差和潮历时存在明显的不等现象。潮汐有"滞后"现象，大潮不是出现在朔、望，小潮不是出现在上、下弦，一般要滞后 2～3 天。半个月中有大潮汛和小潮汛，历时各 3 天；一年中夏潮大于冬潮，最高、最低潮位分别出现在春分和秋分前后，且潮差最大，夏至、冬至潮差最小。

(2) 潮差

黄茅海的潮差较大,荷包岛站最大涨潮潮差为 3.07 m,在珠江八大口门中仅次于虎门,故潮流动力作用较强。崖门水道和虎跳门水道的潮差特征各有不同,其中,崖门水道的潮差为从上游向下游递减,最大涨潮潮差大于最大落潮潮差;虎跳门水道的潮差则为从上游向下游递增,最大涨潮潮差小于最大落潮潮差,但各站多年平均涨潮潮差与多年平均落潮潮差相等。

(3) 潮历时

每日两次涨潮历时和两次落潮历时不等,一般是多年平均落潮历时大于涨潮历时;落潮历时从上游向下游递减,涨潮历时从上游向下游递增。

2.3.3.3 洪潮遭遇特点

近几年,珠江三角洲发生大洪水越来越频繁,如"94.6""98.6""05.6""08.6"等,"94.6"洪水是西、北江并发约50年一遇的特大洪水;"98.6"洪水为近年较大的一场洪水,高要站洪峰流量达到 52 600 m³/s,北江三水站遭遇超100年一遇洪水,最大洪峰流量为 16 200 m³/s,西江马口站洪水为超50年一遇,最大洪峰流量 46 200 m³/s;"05.6"洪水是继"98.6"洪水以后出现的超100年一遇洪水,高要站洪峰流量为 55 000 m³/s,北江三水站达超100年一遇洪水,最大洪峰流量为 16 400 m³/s,西江马口站洪水近300年一遇,最大洪峰流量为 52 100 m³/s;"08.6"洪水北江三水站、西江马口站洪水均约为50年一遇,最大洪峰流量分别为 15 200 m³/s 和 46 800 m³/s。珠江三角洲发生"98.6""05.6""08.6"大洪水期间,遭遇外海三灶站潮汐水文特征见表2.3-1,三灶站5年一遇(20%)高潮位为 1.94 m,可见,此三次大洪水期间遭遇的外海潮位均未超过5年一遇高潮位。

表 2.3-1　马口站洪水与三灶站潮汐遭遇特征

洪水		"98.6"	"05.6"	"08.6"
马口	最大流量(m³/s)	46 200	53 200	45 900
	时间	6月26日	6月24日	6月16日
三灶	高高潮位(m)	1.18	1.25	0.78
	低低潮位(m)	−1.23	−1.44	−0.93
	潮差(m)	2.41	2.69	1.71

2.3.3.4 泥沙

2019年2月枯季泥沙数据显示,桥梁沿线西侧靠近台山侧测点中层含沙量分别为 0.047 kg/m³、0.055 kg/m³，东槽靠近珠海侧测点中层含沙量为 0.016 kg/m³。桥位上游中层含沙量为 0.047 kg/m³，至下游荷包岛两侧口门处含沙量分别为 0.017 kg/m³、0.009 kg/m³，黄茅海湾内含沙量整体表现为上游大于出海口门，西滩大于东滩。

2.3.3.5 波浪

黄茅海湾口有二列东北-西南（NE-SW）走向岛群，主要受南海传来偏南向（SE、S、SE）波浪的影响，工程附近水域波浪主要是由外海波浪传至荷包岛后经折射和绕射传播而来，黄茅海河口湾水域由于三面受岸缘保护，风距甚短，其风浪不大。

珠科院 11 号原型观测站点位于桥位下游 6 km，2018 年 5 月—2019 年 4 月波浪观测资料见表 2.3-2，11 号站附近有效波高基本在 1.0 m 以内，最大有效波高 2.24 m，出现在 2018 年 9 月台风暴"山竹"期间。

表 2.3-2　珠科院 11 号站波浪统计表（统计时间：2018 年 5 月—2019 年 4 月）

波高 时间	0~0.5 m 次数	频率	0.5~1.0 m 次数	频率	1.0~1.5 m 次数	频率	1.5~2.0 m 次数	频率	2.0~3.0 m 次数	频率	>3.0 m 次数	频率	总次数	max (m)
201805	565	98.9%	5	0.9%	1	0.2%							571	1.13
201806	708	98.3%	12	1.7%									720	0.88
201807	732	98.4%	12	1.8%									744	0.68
201808	736	99.06%	7	0.94%									743	0.59
201809	688	95.56%	19	2.64%	10	1.39%	1	0.14%	2	0.28%			720	2.24
201810	743	99.87%	1	0.13%									744	0.51
201811	286	96.62%	10	3.38%									296	0.65
201812	165	92.70%	13	1.58%									178	0.67
201901	1 244	98.03%	25	1.86%									1 342	0.61
201902	1 605	99.50%	8	0.50%									1 613	0.54
201903	1 484	99.80%	3	0.20%									1 487	0.56
201904	1 161	99.32%	8	0.68%									1 169	0.59

2.4　堤防

黄茅海跨海通道桥梁横跨黄茅海东、西两岸，桥梁与海堤平面走向布置见图 2.4-1 至图 2.4-3。

图 2.4-1　桥梁跨堤段堤防布置

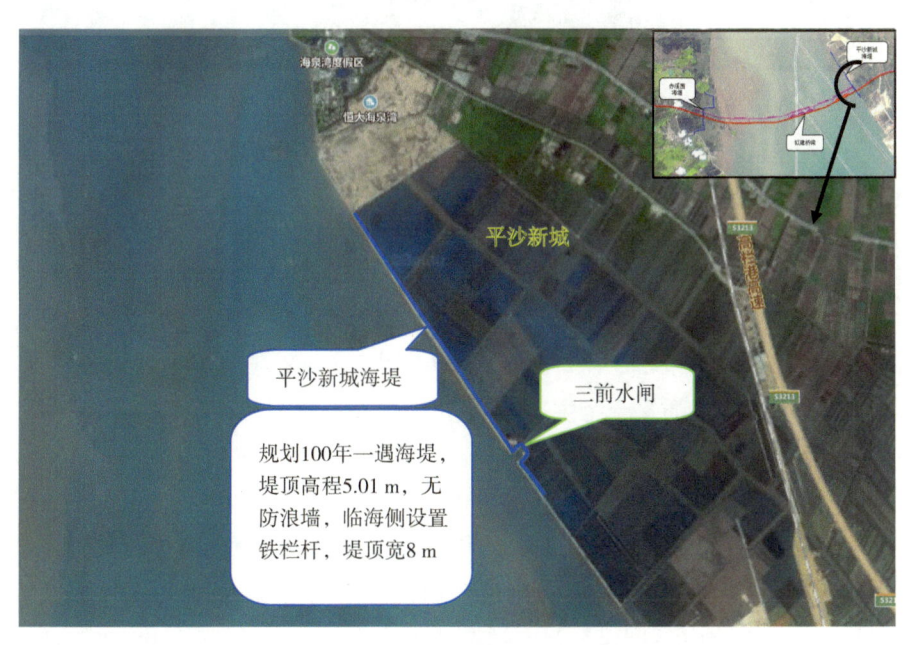

图 2.4-2　珠海市平沙新城海堤堤防走向布置

063

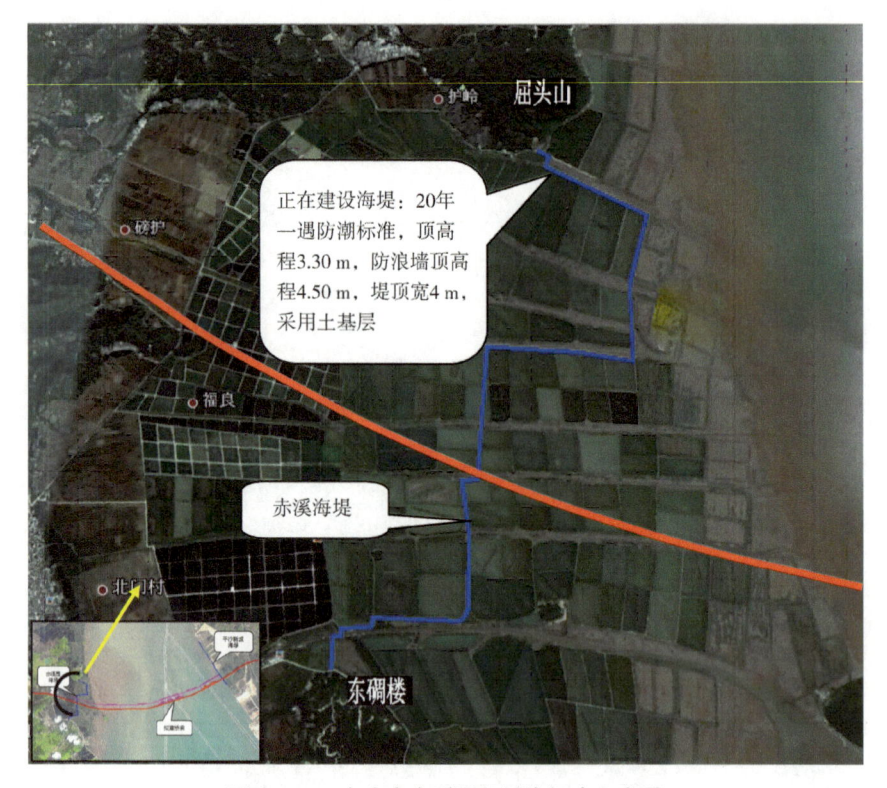

图 2.4-3　台山市赤溪围规划海堤走向布置

2.4.1　黄茅海珠海侧堤防

工程东侧为珠海市乾务赤坎大联围斗门段堤围,大桥登陆点为平沙新城海堤,位于三前水闸下游,现状防潮(洪)能力为 50 年一遇,现状堤顶高程为 2.61~4.61 m,堤宽 4.5~7.0 m,堤脚抛石厚 1.0~2.0 m,宽 4.0~10.0 m,堤身以黏土、砾、沙质黏土为主,桥梁经过段堤路有水泥铺面。

2.4.2　黄茅海台山侧堤防

工程西侧为台山市赤溪围海堤,堤防主要任务为防潮,防护对象为赤溪镇政府所在地及其所辖的赤溪圩社区、磅磺、北门、渡头、护岭等 5 个行政村(社区),捍卫耕地面积 1.54 万亩[①],其中水产养殖面积 1.25 万亩,人口超过

---

① 1 亩≈666.67 m²。

1万人。现状堤围基本为水产养殖区护堤,堤防局部不连续,未安全封闭,堤身单薄,堤顶高程不足,堤顶高程为1.5~3.0 m,大部分在2.5 m以下,堤宽1.5~3.5 m,通行不便,防洪(潮)能力差,堤防多次被漫顶。

规划达标加固海堤,南起东碉楼,北至屈头山,全长5.5 km,防潮标准为20年一遇,海堤等级为4级。

2.5 水利规划及实施安排

2.5.1 排涝规划

(1)《广东省防洪(潮)标准和治涝标准(试行)》

根据广东省水利厅《广东省防洪(潮)标准和治涝标准(试行)》,对于10年一遇24小时暴雨所产生的径流量:城镇及菜地按1天排干、农田按3天排干、鱼塘及其他经济作物区按2天排干设计。

(2)《广东省江门市流域综合规划修编(2005—2030)》

潮区围内排涝标准为10年一遇24小时暴雨所产生的径流遇外江5年一遇潮型,按地类不同分别为1天至3天排干,远期规划为10年一遇24小时暴雨所产生的径流遇外江5年一遇潮型1天排干。

(3)《珠海市流域综合规划修编报告》

根据《珠海市流域综合规划修编报告》,珠海市有水闸228宗,集水面积872.1 km^2,闸孔总净宽1 930.9 m,设计过闸流量14 406.8 m^3/s。乾务赤坎大联围排涝分为赤坎排涝区、五山排涝区、乾务排涝区、平沙-南水排涝区;港区新城则划分石化基地、仓储用地,规划目标为在遭遇5年一遇外江高潮水位的情况下,城镇、工业区、"三高"农业区为20年一遇24小时设计暴雨1天排至免排水位;一般农村(农田)为10年一遇24小时设计暴雨1天排至免排水位。

3

河口滩槽演变分析

3 河口滩槽演变分析

3.1 历史演变概况

黄茅海是在古珠江溺谷湾的基础上,在径流水沙、潮流和风浪的长期塑造过程中,由泥沙不断堆积和三角洲的发育而慢慢地形成的。

根据1861年的测图(图3.1-1)分析,当时黄茅海的"三滩两槽"地貌格局尚未形成,崖门和虎跳门两水道汇流后,口门外有一大片浅滩,大虎、二虎、三虎尚未与陆地相连,仍为海湾中的孤立岛屿,直至1936年,黄茅海的"三滩两槽"格局才基本形成(图3.1-2)。由于崖门和虎跳门的径流水沙下泄,使东岸和西北侧大面积浅滩不断淤高,迫使水流归槽,形成东槽落潮冲刷槽;由于虎跳门口门狭小,其径流和潮流的作用相对较弱,而崖门潮流作用则相对加强,落潮主流循崖门水道方向下泄,从而使深槽逐渐东移;在拦门沙外坡,在强大的潮流动力作用下,形成东、西两涨潮沟,在其东、西两侧及其中间形成东、西滩和中滩。1936年至1964年(图3.1-3),由于虎跳门和崖门携带的泥沙不断在黄茅海堆积,拦门沙不断发展,使西槽向南退缩,呈萎缩趋势,深槽宽度逐渐减小,中滩面积则不断扩大。1964年至1989年,根据水下地形资料分析,东槽相对较稳定,赤鼻浅滩和黄茅浅滩滩顶位置上、下有所变化,西槽则不断向南退缩,中滩相应有所扩大,但仍基本维持"三滩两槽"地貌格局。

3.2 近期演变分析

3.2.1 黄茅海岸线变化分析

黄茅海、鸡啼门是滩涂资源丰富的河口湾,促使浅滩淤长的物质,来源于经虎跳门、崖门、鸡啼门等下泄的洪季上游水沙，以及口外涨潮流带来的伶仃洋及磨刀门落潮时输出的黏性悬沙。受水域内悬沙自然落淤导致的环境变化及人为活动影响，近30年来黄茅海两岸岸滩淤长速率表现出不均衡性，这说明各个区域的岸滩处于不同的生长、发育阶段，岸滩的稳定性直接关系到这两个河口湾的发展趋势。因此，了解黄茅海、鸡啼门近30多年来的岸线变化过程，有助于研究黄茅海、鸡啼门水动力环境的变化和河势发展趋势。

  本次研究从20世纪70年代至2018年的系列卫星遥感影像中选取1978、1988、1992、1995、1999、2003、2009、2018年的影像数据，利用水域岸线快速自动矢量化新技术，分析提取出的各代表年黄茅海、鸡啼门的岸线，制成岸线演变成果图（见图3.2-1、图3.2-2），并对滩涂围垦成陆引起的岸线延伸长度和相应的造地面积进行了统计（见表3.2-1）。

  从整体上看，1978年以来黄茅海围填面积共计142.17 km²，东、西两岸分别围填90.04 km²、52.13 km²，按1978年岸线长度计算，东、西岸岸线平均向海延伸1 597 m、962 m。大规模的围填显著改变了黄茅海的平面形态，使得黄茅海河口湾由之前的"宽喇叭"河口湾转变为"窄喇叭"形状，湾口位置也由之前的大杧岛附近向南延伸至荷包岛以南。现根据各局部区域的岸线变化特征，分区域分析如下。

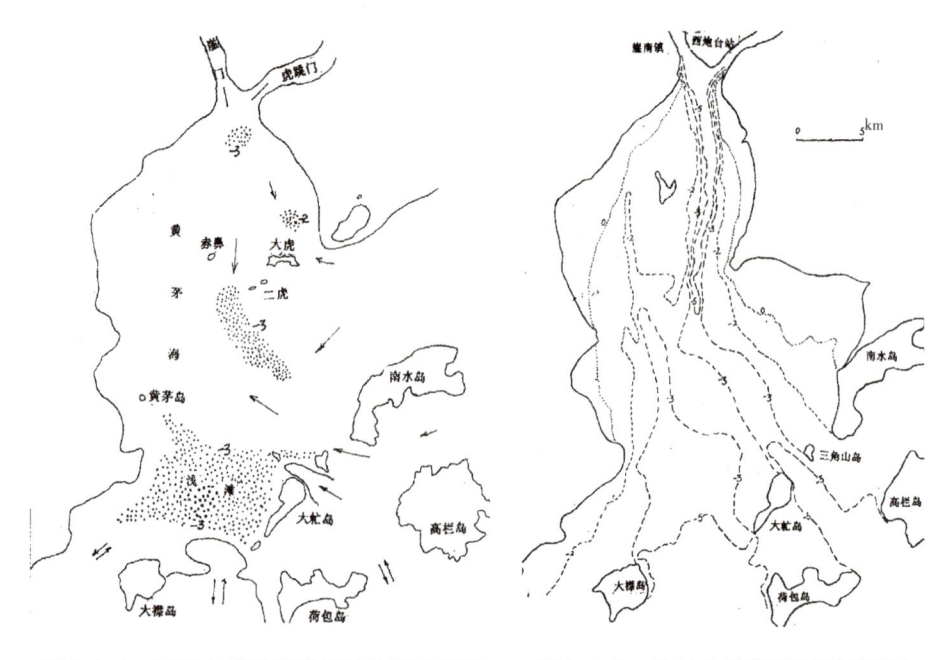

图 3.1-1　1861年黄茅海拦门沙位置示意图　　图 3.1-2　1936年海图（黄茅海部分）

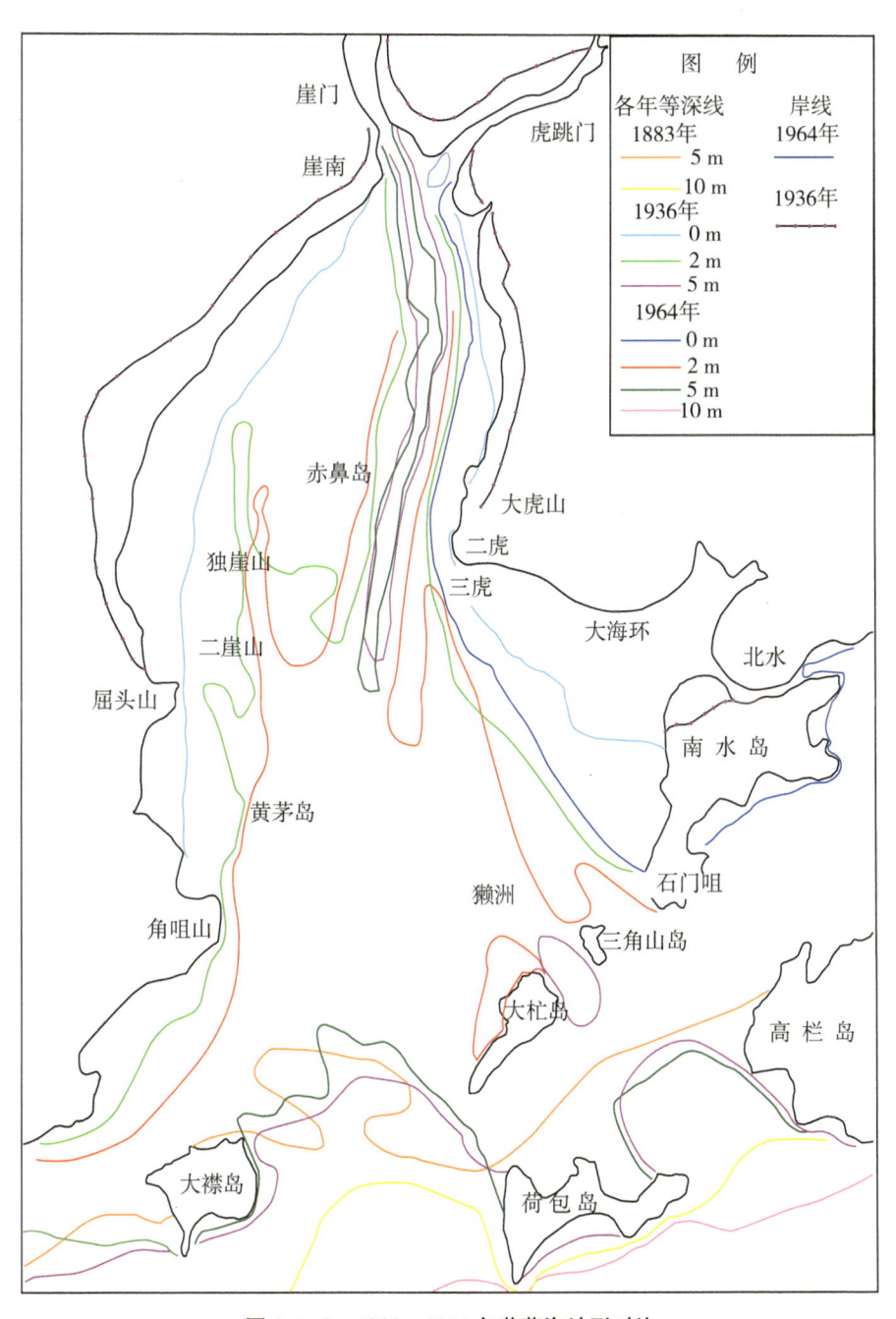

图 3.1-3 1883—1964 年黄茅海地形对比

表 3.2-1　1978 年以来黄茅海近岸围垦面积统计表　　　单位：km²

区域	年代							
	1978—1988	1988—1992	1992—1995	1995—1999	1999—2003	2003—2009	2009—2018	1978—2018
黄茅海西岸(C-B)围垦面积	2.95	5.17	2.22	24.43	8.34	4.58	2.27	49.96
黄茅海西岸(B-A)围垦面积	0.00	0.00	0.00	0.00	0.72	0.00	1.45	2.17
崖门及虎跳门(C-D)围垦面积	0.00	0.00	0.44	0.00	0.05	0.00	0.00	0.49
黄茅海东岸(D-E)围垦面积	10.76	6.00	0.00	0.00	0.00	0.00	0.00	16.76
黄茅海东岸(E-F)围垦面积	16.91	13.64	18.81	0.00	0.00	4.14	0.00	53.50
高栏港(F-G)围垦填海面积	0.00	0.82	0.48	1.45	2.55	6.98	7.01	19.29

(1) 西部岸线变迁

黄茅海西部浅滩是指从崖门水道与虎跳门水道的交汇点至白排岛之间的交汇水流与西航道以西的浅滩区(见图 3.2-1，A—C 区)。

早在 20 世纪 80 年代中期，在崖门口出口段西岸崖南镇附近、虎跳门出口至虎山段建设抛石堤，开始了围垦造地工程。此举的目的是使西岸在落潮时形成大片的屏蔽区，在此区形成一个落淤良好的淤积区。顺应黄茅海这种淤积趋势，1992 年以后，西岸实施大规模围垦工程，从 1992 年至 1995 年，该区围垦面积达 2.22 km²。到 1995 年后，围垦力度加大，在黄茅海西岸都有不同程度的围垦，近期保持较低的围垦水平。1978 年至 2018 年，在西岸共围垦造陆面积为 52.13 km²。上述围垦工程实施以后，西岸岸线发生了较大变化，岸线平均向海推移约 962 m。西岸的不断外移使得崖门水道过水断面不断缩小。

(2) 东滩与三虎以上东岸线的变迁

东滩指的是东槽以东、三虎以上沿岸边缘分布的大片浅滩(见图 3.2-1，D—E 区)。从 20 世纪 70 年代末开始，该区域实施围垦开发工程，至 1992 年，围垦工程基本停止，期间共围垦造陆面积约 16.76 km²。由于围垦工程的实施，滩坡淤积显著。大规模的围垦使得该区域浅滩消失殆尽，且岸线直面崖门深槽，滩涂淤积生长的动力条件不复存在，近期该区域以冲刷为主。

(3) 大海环浅滩岸线的变迁

大海环浅滩是东滩三虎以下至南水十八螺嘴之间水深小于 2 m 的大面积

3　河口滩槽演变分析

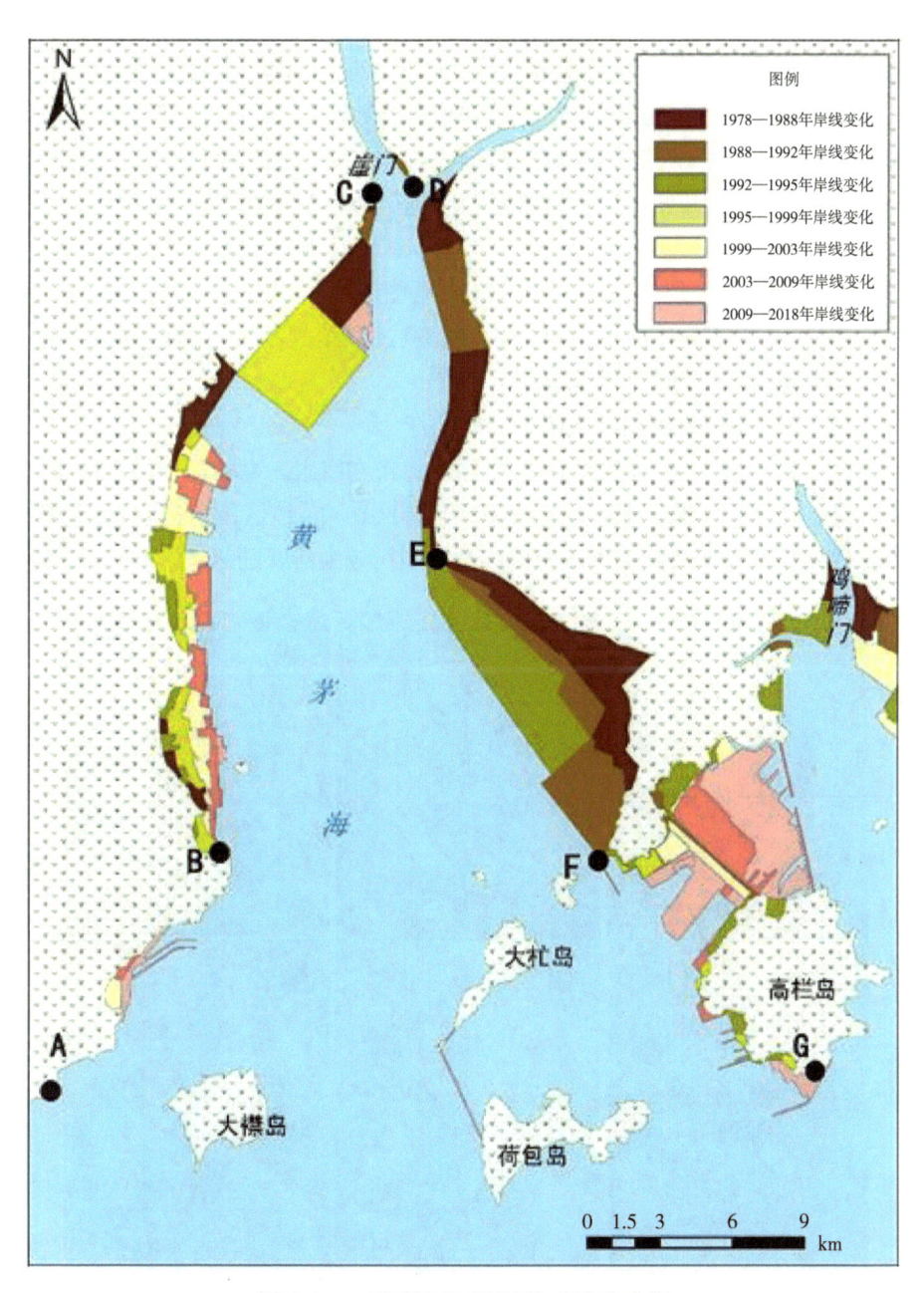

图 3.2-1　黄茅海河口湾历年岸线变化图

073

滩地。大海环原为黄茅海东部有较宽的潮汐通道,并与鸡啼门水道连通的弧形小海湾。20世纪50—60年代平沙农场大规模围垦,加上鸡啼门通道的控制,使大海环成为内凹的弧形边滩。20世纪80年代后期,南水至虎山之间建成大堤,这使东岸从虎山至南水的大海环段形成良好的淤积区。但1990年南水—高栏大堤建成,阻挡了鸡啼门落潮直接来沙,大海环淤积趋缓。由于从20世纪70年代末开始该区就被不断围垦,至今原大海环浅滩已经消失。

从20世纪80年代初至2009年,大海环浅滩围垦造陆的总面积约53.50 km^2,岸线向外延伸约1.53 km(见图3.2-1,E—F区);2009年至2018年,大海环部分岸段保持稳定不变。经过多年的围垦,大海环从内凹的弧形边滩变成了较为平直的边滩。

(4)黄茅海东岸高栏港区附近岸线变迁

自1990年南水—高栏大堤建成后,珠海市在南水—高栏岛周边水域实施了系列港口、航道、围垦工程建设,1988年至2018年,该区围垦造陆总面积约19.29 km^2,是近年来黄茅海东岸岸线开发利用较为活跃的区域。

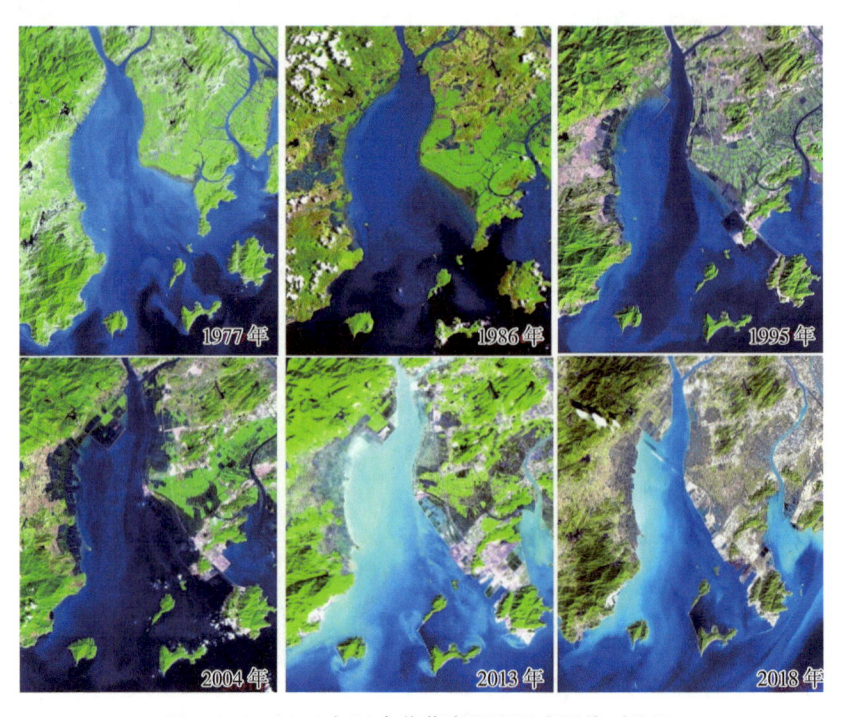

图3.2-2 1978年以来黄茅海河口遥感影像对比图

3.2.2 黄茅海水域冲淤演变分析

本次研究收集到了黄茅海水域 1977 年、1989 年、2003 年、2010 年左右、2019 年共计 5 个年代地形数据(其中 2019 年只有工程区附近数据),分别建立各年代数字高程模型(DEM),以此分析黄茅海水域冲淤演变特征。

图 3.2-3 系列为黄茅海水域 1977—2019 年等深线平面变化图,图 3.2-4 系列为黄茅海水域 1977—2019 年冲淤平面分布图。总体来看,黄茅海 1989 年前以淤积为主,1989—2003 年滩淤槽冲,2003 年后以冲刷为主。

通过图 3.2-3 至图 3.2-4 可以看出黄茅海河床冲淤演变主要呈现如下特征。

(1) 崖门深槽向南发展,深槽宽度有所增加。

1977 年至 1989 年,深槽在横向上变化不大,纵向上有所淤积,淤积部位主要集中在深槽上段,年均淤积速率为 0.05~0.1 m/a。1989 年以后,由于西岸的大面积围垦,深槽过水断面缩窄,径流动力加强,槽道出现冲刷;1989—2003 年,深槽以冲刷为主,加深幅度为 0.05~0.1 m/a,局部达 0.3 m/a;2003—2010 年,受崖门出海航道开挖整治影响,崖门深槽自北向南与东槽 5 m 深槽上下贯通,7 m 深槽与东槽呈贯通之势,东槽东侧出现新的 5 m 深槽,可能与本区域涨潮动力增加有关,如图 3.2-3(b)、3.2-3(c)所示。从总体上看,1977 年至 2011 年间,崖门深槽向南发展,深槽宽度有所增加。

(2) 东槽由淤转冲,且与崖门深槽上下贯通,东槽东侧出现新的深槽。

1977—1989 年,东槽 5 m 等深线位置变化不大,横向上有所萎缩,下段缩窄约 500 m;整个东槽以淤积为主,年均淤积速率为 0~0.04 m/a(见图 3.2-4)。

1989—2010 年,受珠海深水航道开挖影响,东槽 5 m 以深槽道与崖门 5 m 以深槽道上下贯通,7 m 深槽向上游延伸,深槽向纵深发展;东槽上段东侧出现新的 5 m 深槽(东东槽),主要是本区涨潮流动力增强所致。

(3) 2003 年之前拦门沙浅滩向南淤积扩展,近期出现冲刷。

1977—1989 年,拦门浅滩淤积明显,淤积速率呈自西向东递减,西侧淤积厚度为 0.5~1 m,局部在 1 m 以上,平均淤积速率约 0.06 m/a;东侧淤积厚度为 0~0.5 m,平均淤积速率约 0.002 m/a,5 m 等深线平均向海推进约 1.1 km。1989—2003 年,拦门沙浅滩仍以淤积为主,淤积区域主要集中在黄茅岛附近水域以及中口 5 m 等深线北侧,淤积厚度为 0.25~0.5 m,淤积速率为 0.02~0.04 m/a,5 m 等深线平均向海推进约 1.6 km。2003 年后,拦门沙浅滩出现局部冲刷,且冲刷幅度较强,部分区域冲刷速率在 0.05 m/a 以上,

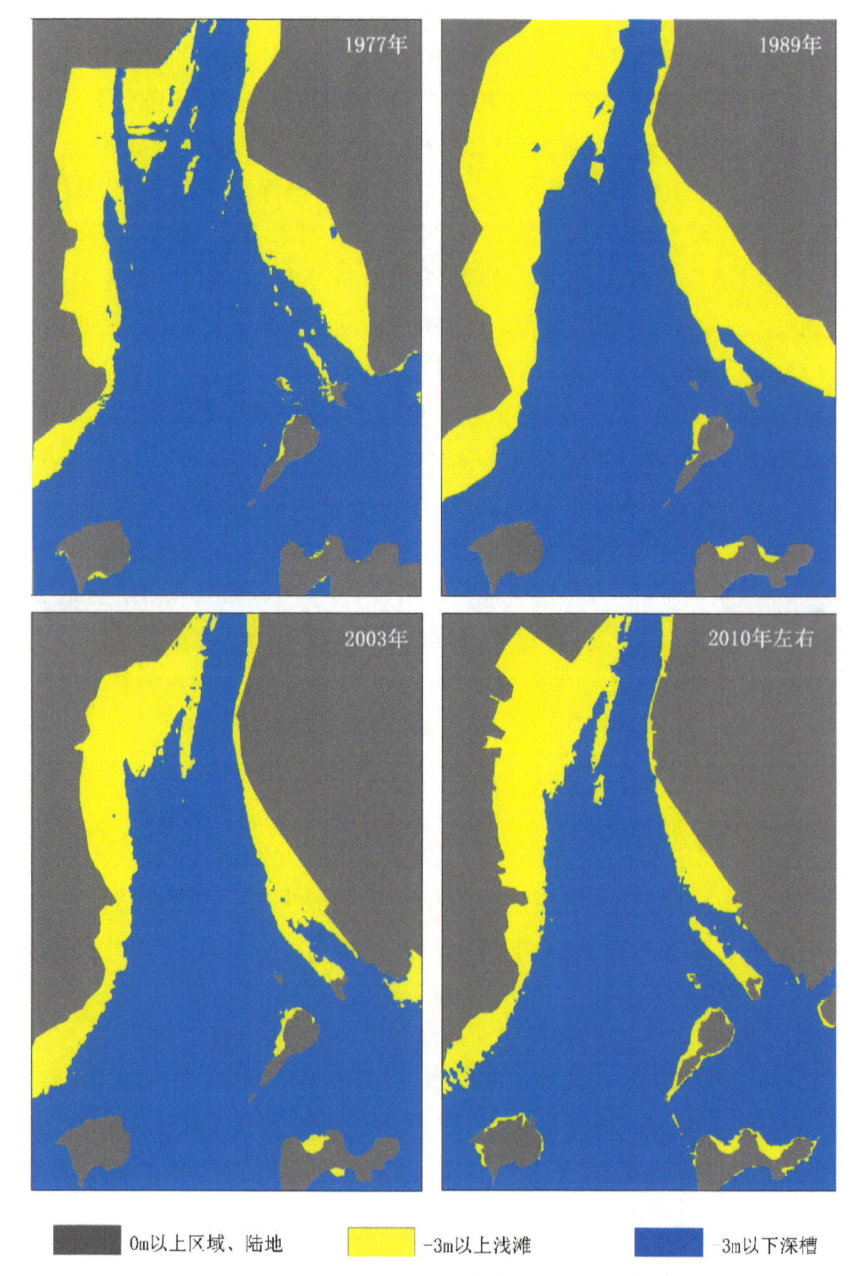

图 3.2-3(a) 1977—2010 年间黄茅海 3 m 等深线对比图

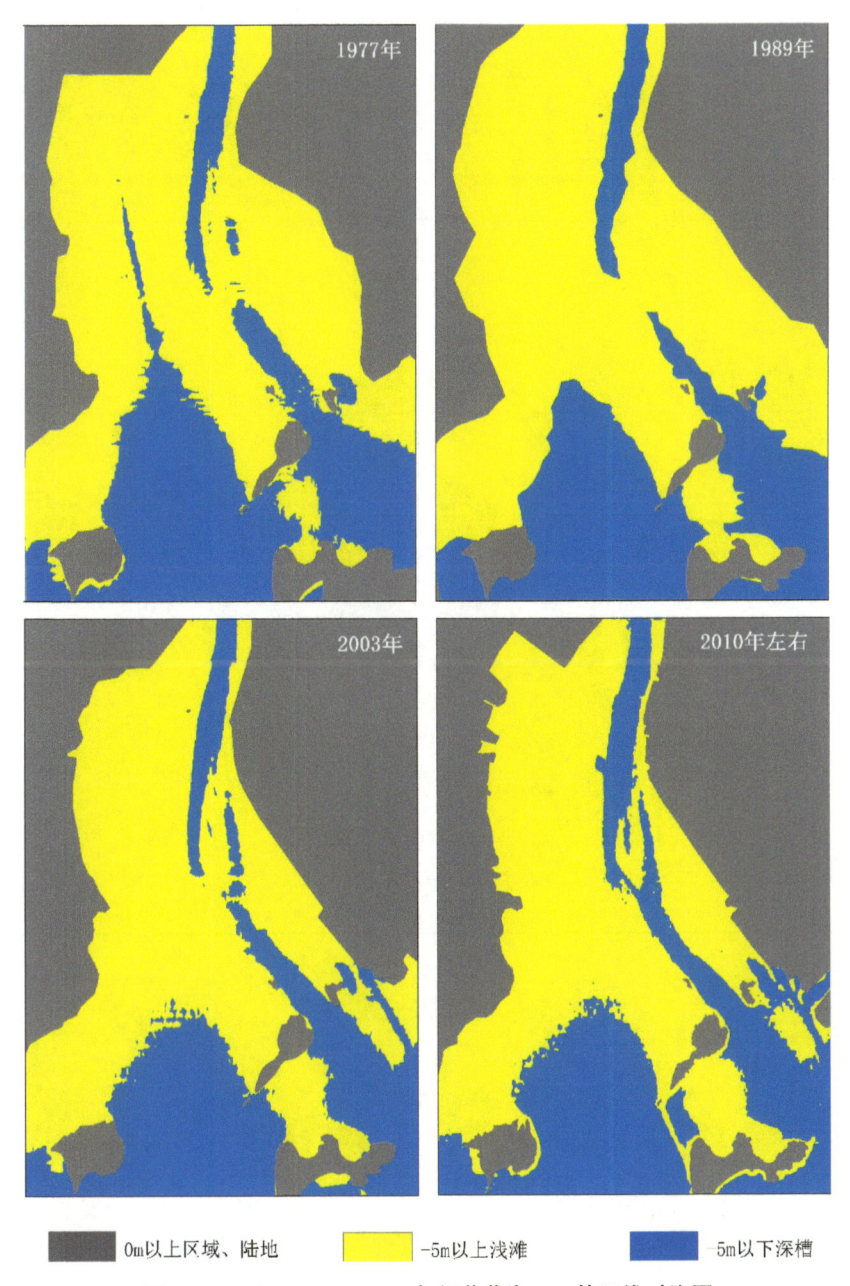

图 3.2-3(b)　1977—2010 年间黄茅海 5 m 等深线对比图

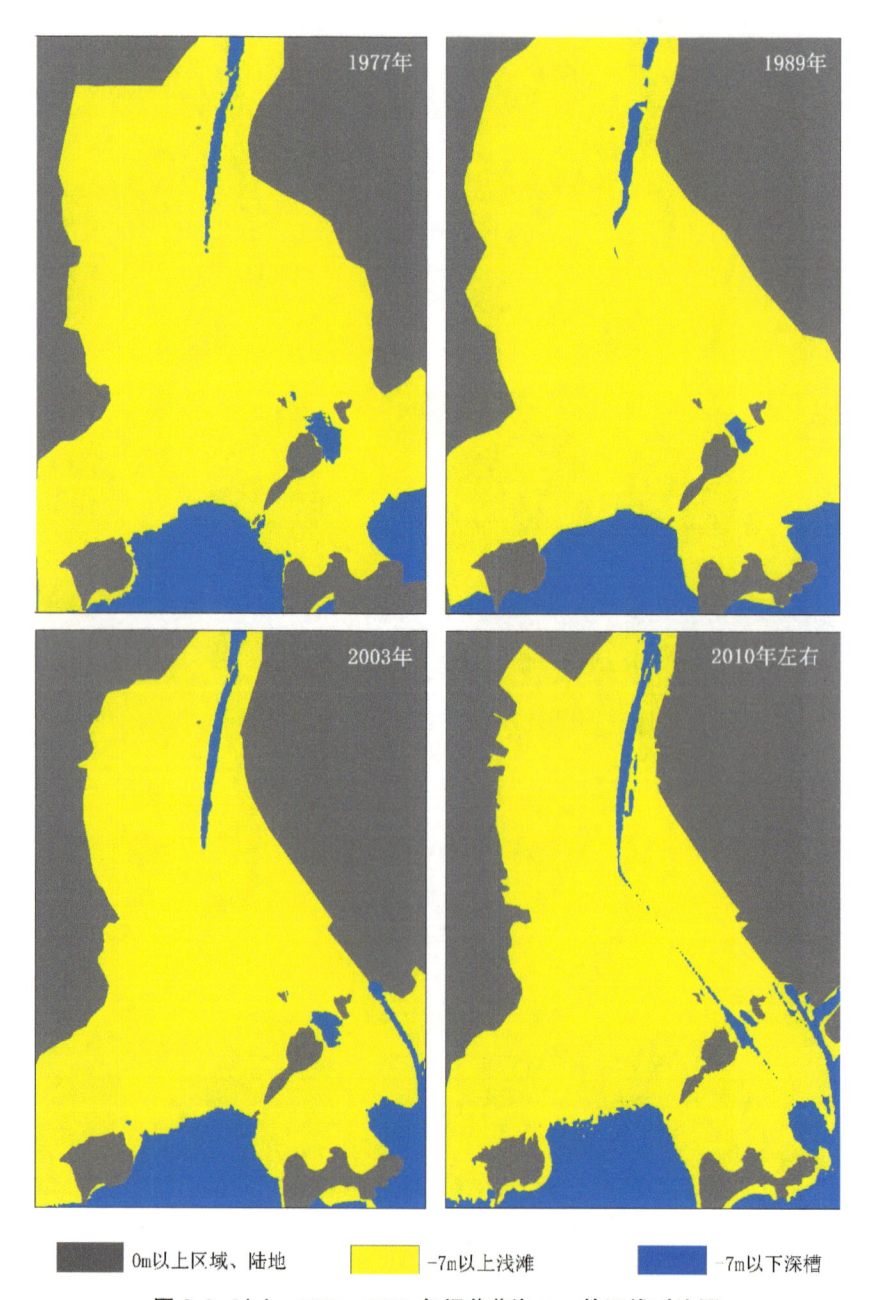

图 3.2-3(c)　1977—2010 年间黄茅海 7 m 等深线对比图

3 河口滩槽演变分析

5 m 等深线平均向陆退缩约 0.2 km。

（4）东滩 3 m 等深线位置变化不大。

受人类围垦工程影响，原黄茅海东部浅滩现已基本成为围垦区域，最明显的变化是原大海环浅滩变为平直边滩，3 m 以浅浅滩范围大幅度减小，如图 3.2-3(a)。

（5）西滩向东南发展趋势变缓，局部滩面 3 m 等深线向岸退缩。

1977—2003 年，西滩以淤积为主，浅滩呈明显向东南发展趋势，3 m 等深线向海推进约 1.2 km。其中，以 1977—1989 年西滩向东南发展的速度最快，年平均淤积速率约 0.06 m/a。1989—2003 年，西滩趋向稳定，3 m 等深线略向东南向扩展；整个滩面以微淤为主，局部微冲，主要淤积区域集中在黄茅岛附近水域，年均淤积速率为 0.025～0.3 m/a；滩面中部微冲，冲刷速率为 0.025～0.1 m/a。

近期（2003—2010 年），西滩 3 m 以浅滩面出现减少，表现在局部 3 m 等深线向岸后退，整体滩面微冲为主，冲刷速率在 0.025 m/a 左右。西滩上部出现一淤积带，淤积强度大于 0.025 m/a[见图 3.2-4(c)]。

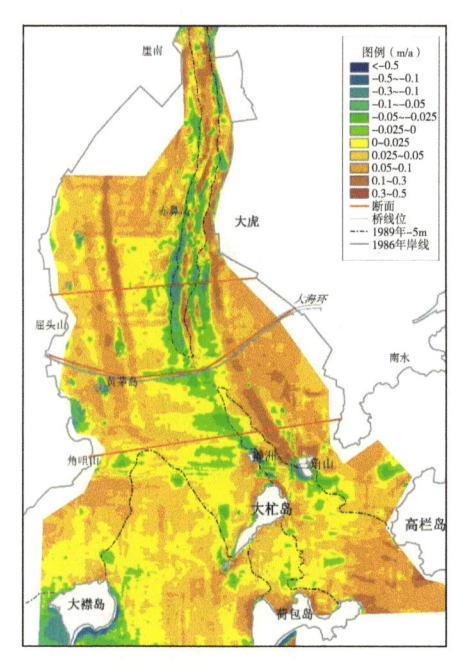

图 3.2-4(a) 1977—1989 年间黄茅海冲淤速率分布图

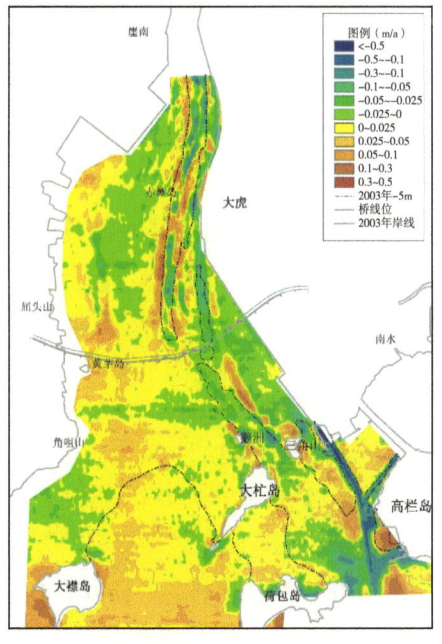

图 3.2-4(b) 1989—2003 年间黄茅海冲淤速率分布图

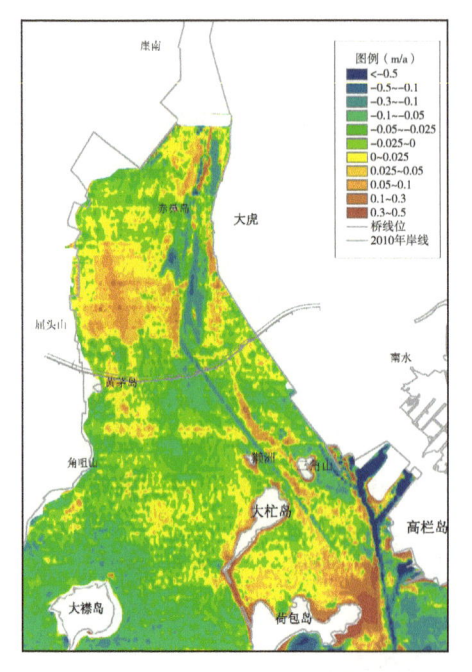

图 3.2-4(c)　2003—2010 年间黄茅海冲淤速率分布图

图 3.2-4(d)　2010—2019 年间黄茅海冲淤速率分布图

3.3　工程附近水域冲淤变化

为分析工程附近水域冲淤变化，沿工程线位及上、下游各取一个断面分析断面变化，断面位置见图3.2-4(a)。各断面形态及相关参数变化见图3.3-1、图3.3-2及表3.3-1。通过断面变化及3.2节冲淤分布图可知工程附近水域冲淤变化主要呈现如下特征。

（1）工程附近断面宽度显著缩窄，2003年前断面过水面积减小，之后断面过水面积有所增加。

由于工程东西两岸不断被围垦，1977年至今，断面1至断面3高程0 m以下宽度分别减小10%、33%、25%，断面宽度的减小，再加上河床在2003年之前以淤积为主，导致2003年前断面过水面积显著减小，过水面积分别减少10%、22%、12%；2003年后由于航道疏浚，断面1和断面2东槽段分别下切达1 m、2.5 m，在断面宽度变化不大的前提下，过水面积分别增加3%、9%。

3 河口滩槽演变分析

（2）断面宽度减小的同时，平均水深有一定增加，断面向窄深发展。

1977年以来，断面1至断面3平均水深分别增加2%、26%、14%，在河宽减小的条件下，断面宽深比分别减小8%、35%、24%，表明工程附近河床向窄深发展。

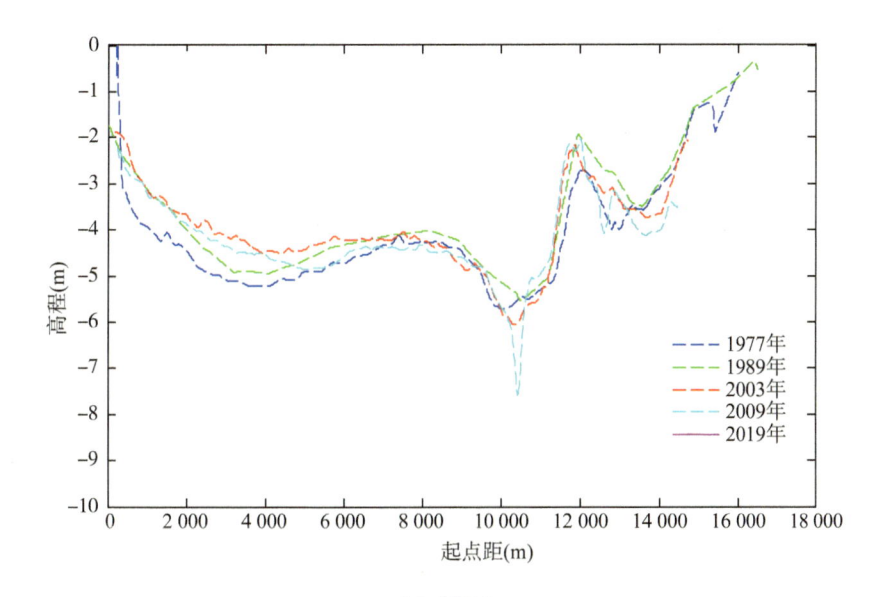

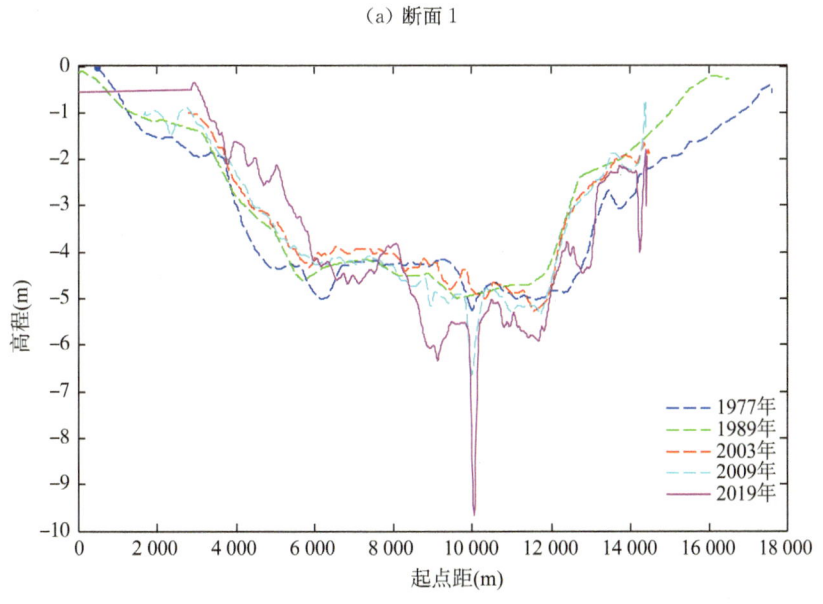

(a) 断面1

(b) 断面2

(c) 断面3

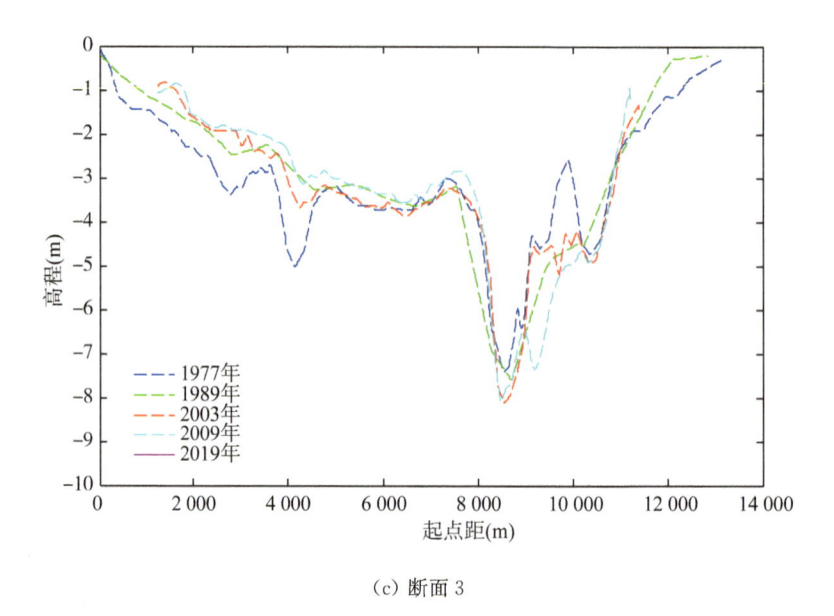

图 3.3-1　1977—2019 年工程线位及上下游断面对比图

（3）工程沿线水域呈现东侧冲刷、西侧淤积的特征。

由图 3.3-2 可知，1977 年以来工程附近断面西滩及拦门沙区淤积显著，平均淤厚在 0.5 m 以上，局部可达 2 m，近期工程西侧淤积范围有所减小，但强度有所增加。工程东侧所在东槽则显著下切，断面 1 至断面 3 分别下切约 1 m、2.5 m、0.6 m。

表 3.3-1　1977—2019 年间各断面参数统计表

参数	断面	1977 年	1989 年	2003 年	2009 年	2019 年
面积 (m^2)	断面 1	65 164.36	60 189.88	58 238.62	59 779.61	
	断面 2	53 780.34	46 612.89	41 682.59	44 632.43	45 232.06
	断面 3	40 017.62	37 732.00	35 194.44	34 142.93	
宽度 (m)	断面 1	15 757.16	16 512.86	14 450.55	14 106.89	
	断面 2	17 121.85	16 470.52	11 581.47	12 596.89	11 458.42
	断面 3	13 180.57	12 817.90	10 054.05	9 843.45	
平均水深 (m)	断面 1	4.14	3.65	4.03	4.24	
	断面 2	3.14	2.83	3.60	3.54	3.95
	断面 3	3.04	2.94	3.50	3.47	

续表

参数	断面	1977 年	1989 年	2003 年	2009 年	2019 年
宽深比	断面 1	30.35	35.25	29.83	28.04	
	断面 2	41.66	45.35	29.91	31.68	27.12
	断面 3	37.81	38.46	28.65	28.61	

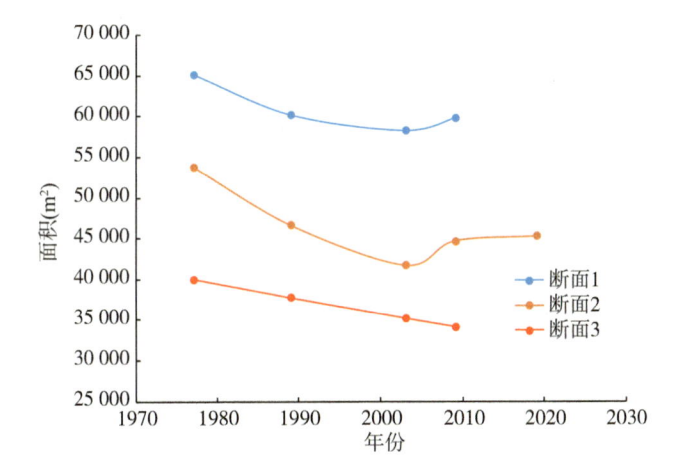

(a) 断面面积

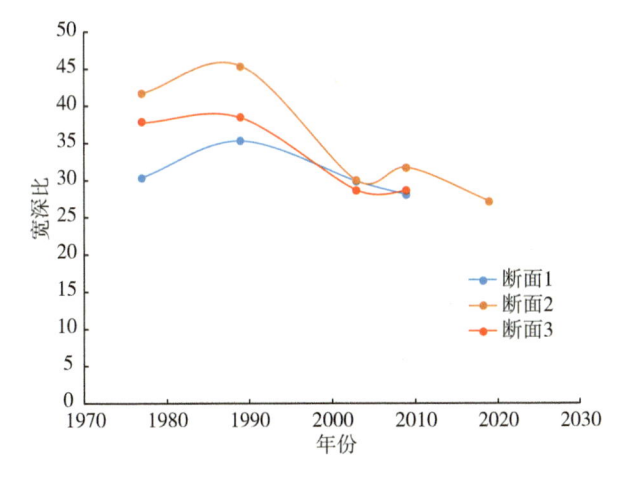

(b) 断面宽深比

图 3.3-2　1977—2019 年间断面参数变化过程

3.4　工程对附近水域滩槽稳定影响的定性分析

从工程附近水域演变来看,工程所在东槽与东滩水域以潮流控制为主,特别是近期由于航道开挖涨潮流动力增强,在航道不断浚深的条件下,今后桥区东侧将保持冲刷或冲淤平衡状态;工程所经拦门沙区和西滩区,是径潮相互作用地带,是上游径流来沙的主要落淤区,工程的修建将加剧本区域的径潮相互顶托,因此在工程修建后的一段时期内,西侧水域淤积强度将有所增强。中部的东槽与西槽交汇处,是东西两槽涨潮主流的汇流点,同时也是崖门深槽落潮流的分流点。东槽东侧深槽(东东槽)目前处于不断发育的状态,将来可能成为重要的潮汐通道,工程的建设应为深槽的发育留有一定的空间。

3.5　冲淤演变趋势分析

由前述分析可知,黄茅海在20世纪80年代以前主要呈现自然状态下的缓慢淤积状态,之后人类活动影响加剧,东西岸滩涂围垦、跨海大堤的修建,以及填海建港工程等人为活动造成滩槽平面格局改变,引起了水动力环境的变化,滩槽冲淤不平衡加剧。今后,随着经济建设和社会的持续发展,黄茅海的冲淤演变必然是自然和人为共同作用下的演变,基于黄茅海实测地形资料,结合历史演变规律,对其滩槽变化趋势初步归纳如下。

(1) 崖门深槽位置保持稳定畅通状态。

近十多年来的崖门深槽东西两岸围垦工程的实施,使得深槽两岸岸线向槽道延伸,槽道过水断面缩窄,水流集中,落潮水流动力得以增强,径流动力下移。在围垦工程实施前,深槽中上段出现淤积,下段冲刷。在围垦工程实施后,深槽加深较为明显,但等深线平面变化不大,深槽位置基本稳定。这表明口门两岸岸线的延伸使得深槽径流动力得以增强,有利于径流泥沙向下输排,减少了径流泥沙在槽道的淤积,维护了深槽的稳定。

(2) 黄茅海西滩淤积加大,淤积向东南扩展,但扩展速率趋缓。

西部浅滩是位于深槽西侧的浅滩。自20世纪70年代以来,黄茅海西滩一直保持淤积趋势。1989年以后,大规模围垦工程的实施,使得两边岸线向外延伸加剧。而崖南镇附近岸线的延伸,阻挡了下泄水流往西滩输排,西滩中上部水流动力减弱,造成西滩进一步淤涨,－2 m、－4 m 等高线向东南扩展;淤积严重的区域为偏南向的西滩下部(包括西槽沟)及靠近主槽的局部区域。总的来说,大围垦以后西滩淤积增加,淤积趋势是向东南淤长,由滩向槽淤积增强。

(3) 黄茅海拦门沙呈向海推进发展趋势。

拦门浅滩处于上溯流与下泄流交汇的区域,滞流点在拦门沙内、外坡之间,且随季节而移动。受崖门深槽流势增强影响,近期黄茅海涨潮时段的滞流区主要出现在西滩下部(即黄茅岛附近—深槽西侧)的拦门沙区,滞流区的位置比围垦前径、潮交汇形成滞流区的位置要往南、东南偏移。

(4) 东部大海环浅滩的上部和下部转变为平直边滩,浅滩发展趋缓,而中部在大虎附近发育出一条新的涨潮沟。

东岸大海环浅滩在人类实施大规模围垦工程前为内凹形的弧形边滩,从东槽上溯的涨潮流动力减弱,形成缓流区,有利于泥沙淤积。1991 年连岛大堤建成后,原先来自鸡啼门的水沙不再通过南水—高栏岛进入黄茅海水域,使得大海环段缺乏充足的悬沙输入,淤积速率减慢。1990 年以后的围垦使得大海环段由内凹形边滩逐渐转变为平直边滩,成为东槽上溯潮流的必经之路,潮流动力增强。在此动力环境及边界条件下,悬沙过境作用加强而难于在此落淤,出现淤积速率减慢甚至冲刷情况,浅滩发展趋缓。东滩中部在三虎附近发育出一条新的涨潮沟。

(5) 黄茅海东槽冲深并向北扩张,西槽向海退缩。

从工程附近水域演变来看,工程所在东槽与东滩水域以潮流控制为主,特别是近期由于航道开挖涨潮流动力增强,在航道不断浚深的条件下,今后桥区东侧将保持冲刷或冲淤平衡状态;工程所经拦门沙区和西滩区,是径潮相互作用地带,是上游径流来沙的主要落淤区,工程修建将加剧本区域的径潮相互顶托,因此在工程修建后的一段时期内,西侧水域淤积强度将有所增强。

4 防洪评价计算

4 防洪评价计算

4.1 水文分析

4.1.1 设计洪水和设计潮位

4.1.1.1 设计洪水

黄茅海洪水主要来自潭江和西江。根据《潭江行洪控制线总报告》，潭江大桥处不同频率设计流量见表 4.1-1；根据《珠江流域综合规划（2012—2030 年）》，西江干流马口站、北江干流三水站多年各级频率设计洪峰流量（部分归槽）如表 4.1-2 所示。

表 4.1-1　潭江大桥断面设计洪峰流量计算成果

设计频率	$P=20\%$	$P=10\%$	$P=5\%$	$P=3.33\%$	$P=2\%$	$P=1\%$
流量 (m^3/s)	3 290	4 809	6 157	7 285	8 505	10 073

表 4.1-2　马口、三水站设计洪峰流量成果

站名	各级频率(%)设计洪峰流量(m^3/s)					
	0.5	1	2	3.33	5	10
马口	51 800	48 900	46 600	44 400	43 300	41 800
三水	17 200	16 000	15 000	14 100	13 500	12 800

注：100 年一遇以上洪水为天然洪水，10～100 年一遇洪水为部分归槽。

4.1.1.2 设计潮位

（1）水文站及典型潮位值

工程附近长期水文测站有官冲站、西炮台站及三灶站，工程附近的临时

测站有 T1 站，位于台山侧工程上游 3 km，T1 站观测时间序列为 47 天（2019 年 2 月 20 日 20:00—2019 年 4 月 8 日 13:00），相关水文站潮汐特性分析成果见表 4.1-3。

表 4.1-3 水文站潮汐特性对比表　　　　　　　　　　　单位：m

	平均高潮位	平均低潮位	最高潮位	最低潮位
T1	0.44	−0.72	1.06	−1.07
三灶	0.54	−0.51	1.12	−0.98
官冲	0.64	−0.53	1.20	−1.04
西炮台	0.63	−0.57	1.23	−1.08

（2）设计潮位

搜集了三灶站 1965—2018 年共 54 年的连续水位年极值资料，西炮台站 1956—2018 年共 63 年的连续水位年极值资料。

分析成果见表 4.1-4，工程位置推荐采用西炮台站设计潮位。

表 4.1-4 西炮台、三灶站设计频率潮位成果表　　　　　　单位：m

重现期（年）	高潮位 西炮台（推荐值）	高潮位 三灶	低潮位 西炮台（推荐值）	低潮位 三灶
300	3.26	3.99	−1.91	−2.35
200	3.14	3.81	−1.87	−2.29
100	2.94	3.50	−1.81	−2.20
50	2.74	3.20	−1.74	−2.11
20	2.47	2.79	−1.65	−1.98
10	2.26	2.47	−1.58	−1.88
5	2.04	2.14	−1.50	−1.78

4.1.2　典型水文组合

桥梁工程位于黄茅海水域，受潭江、西江上游径流及外海潮流双重影响较大。本书选取典型洪水、中水、枯水水文组合，采用物理模型、数学模型计算工程方案实施的影响。

（1）洪水水文组合

黄茅海跨海通道工程所在水域承泄潭江和西江支流（江门水道、虎坑水道、虎跳门水道)洪水。2005年6月珠江发生超百年一遇大洪水,西江马口站洪水量级超200年一遇,最大洪峰流量为52 100 m³/s,北江三水站达100年一遇洪水,最大洪峰流量为16 400 m³/s。而潭江来流量较小,石咀最大洪峰流量仅为4 100 m³/s,洪水量级约为10年一遇。为准确反映洪水条件下工程建设的影响,本书采用西北江"2005.6"洪水遭遇潭江100年一遇洪水作为典型洪水水文组合,计算时间为6月22日18:00—6月30日20:00,共计194小时。

(2) 中水水文组合

采用"2010.6"中水组合作为典型中水水文组合。西江马口站上游流量在22 000至26 500 m³/s之间,北江三水站流量在6 770至8 010 m³/s之间,崖门水道潮流量在-9 810至9 290 m³/s之间,虎跳门潮流量在-839至2 520 m³/s之间,为珠江口近年典型常遇洪水组合,该组合大约相当于珠江口2年一遇洪水,可作为典型中水水文组合。计算时间为2010年6月23日0:00—6月29日0:00,共计144小时。

(3) 枯水水文组合

采用"2010.1"枯水组合作为典型枯水水文组合。崖门水道潮流量在-14 052至9 279 m³/s之间,虎跳门潮流量在-2 362.5至1 815 m³/s之间,可作为典型枯水水文组合,计算时间为2010年1月1日0:00—1月10日24:00,共计240小时。西江马口站上游平均流量为2 051 m³/s,北江三水站平均流量为674 m³/s。

4.2 模型的建立与验证

4.2.1 一、二维联解整体潮流数学模型

4.2.1.1 模型研究范围

一维数学模型研究范围:包括东、西、北江三角洲河网区、广州水道、潭江水道、西海水道、磨刀门水道等,模拟河道长度约1 765 km。

二维数学模型研究范围:包括伶仃洋浅海区、大亚湾、大鹏湾、香港水域、深圳湾、澳门浅海区、磨刀门浅海区、鸡啼门浅海区、黄茅海浅海区。

模型上边界取自各三角洲控制站:西江的马口站、北江的三水站、白坭河的老鸦岗站、增江的麒麟咀站、东江的博罗站、潭江的石咀水文站,下边界取

至外海－30 m等高线；海区西边界自黄茅海外台山核电站，东边界至香港水域。

一、二维模型联解点设在虎门的大虎断面、蕉门的南沙断面、洪奇门的冯马庙断面、横门的横门断面、磨刀门的灯笼山站断面、鸡啼门的黄金站断面以及黄茅海的官冲和虎跳门站断面。

4.2.1.2　一、二维联解整体潮流数学模型的建立

（1）河网区一维潮流数学模型

①基本方程

河网区一维潮流数学模型采用一维圣维南方程组，方程如下：

连续方程：
$$B\frac{\partial Z}{\partial t} + \frac{\partial Q}{\partial x} = q \qquad (4.2\text{-}1)$$

动量方程：
$$\frac{\partial Q}{\partial t} + \frac{\partial}{\partial x}\left(\beta\frac{Q^2}{A}\right) + gA\left(\frac{\partial Z}{\partial x} + S_f\right) + u_l q = 0 \qquad (4.2\text{-}2)$$

式中：Z 为断面平均水位，m；Q 为断面流量，m³/s；A 为过水面积，m²；B 为水面宽度，m；x 为距离，m；t 为时间，s；q 为旁侧入流，m³/s，负值表示流出；β 为动量校正系数；g 为重力加速度，m/s²；S_f 为摩阻坡降，采用曼宁公式计算，$S_f = g/C^2$，$C = h^{1/6}/n$；u_l 为单位流程上的侧向出流流速在主流方向的分量，m³/s。

②汊口连接条件

河网区内汊口点是相关支流汇入或流出点，汊口点水流要满足水流连续条件和能量守恒条件。

水流连续条件：
$$\sum_{i=1}^{m} Q_i = 0 \qquad (4.2\text{-}3)$$

水位连接条件：
$$Z_{i,j} = Z_{m,n} = \cdots = Z_{l,k} \qquad (4.2\text{-}4)$$

式中：Q_i 为汊口节点第 i 条支流流量，m³/s，流入为正，流出为负；$Z_{i,j}$ 等表示汊口节点第 i 条支流第 j 号断面的平均水位，m。

③计算方法

方程离散采用四点加权 Preissmann 固定网格隐式差分格式，求解时采用已较为成熟的河网三级联解算法。计算中，水位迭代误差限取 0.00001 m，流量迭代误差限取 0.001 m³/s。

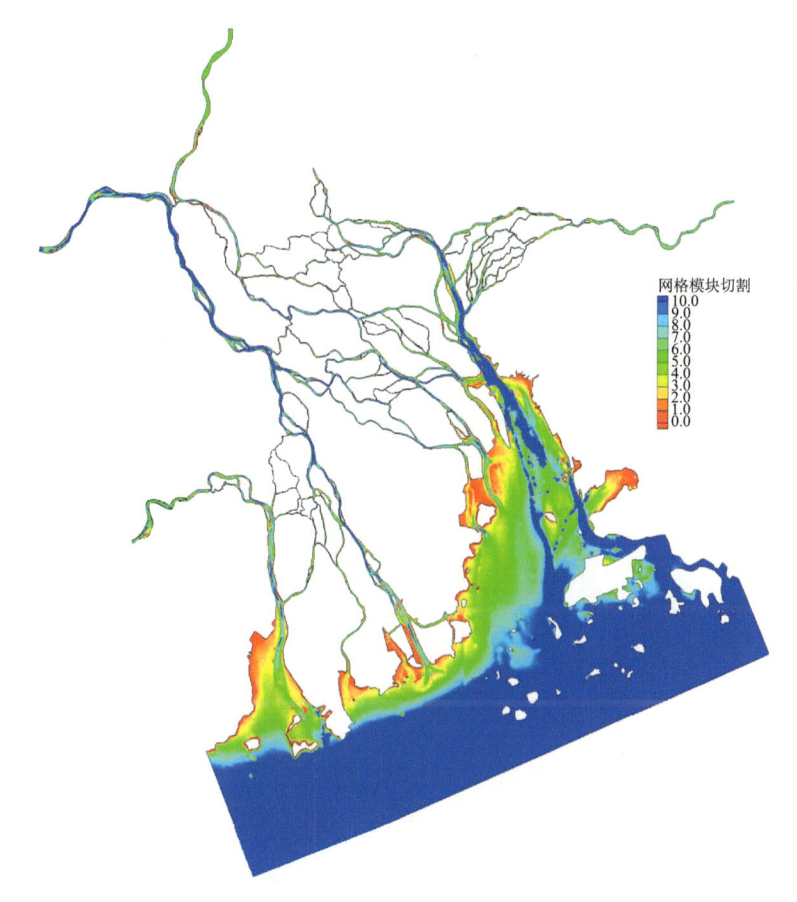

图 4.2-1　珠江河口河势图

④断面布置

一维模型共布设了 3 461 个断面,模拟河道长度约 1 765 km,模型断面距离 100~2 000 m 不等。

⑤初始及边界条件

初始条件:$(Z)_{t=0}=Z_0$;$(Q)_{t=0}=Q_0$。

边界条件:$(\overset{*}{Z})_\Gamma=Z(t)$;$(Q)_\Gamma=Q(t)$,$\Gamma$ 为边界。

⑥迭代步长

水位计算迭代步长取 0.000 01 m,流量迭代步长取 0.001 m³/s。计算收敛精度水位控制为 0.001 m,流量为 0.1 m³/s。

⑦内边界

珠江三角洲河网区内水闸众多,但由于大多无观测资料,因此,模型验证中将较大的水闸作内边界处理,较小的水闸不考虑。

⑧建模地形资料

建模地形资料以珠江水利委员会组织施测的珠江河口第三期、第四期测量数据为主,黄茅海统一采用 2009 年实测的地形,工程桥址上下游采用 2019 年新测的地形,岸线根据 2018 年遥感影像资料绘制,受资料限制,采用的地形资料不同步。

(2) 河口区二维潮流数学模型

①基本方程

采用贴体正交曲线坐标系下的二维潮流控制方程,并引入通度系数,形式如下。

连续方程:

$$\frac{\partial \theta_c h}{\partial t} + \frac{1}{C_\zeta C_\eta}\left[\frac{\partial (C_\eta \theta_\zeta Hu)}{\partial \zeta} + \frac{\partial (C_\zeta \theta_\eta Hv)}{\partial \eta}\right] = 0 \qquad (4.2\text{-}5)$$

动量方程:

$$\frac{\partial (Hu)}{\partial t} + \frac{1}{C_\zeta C_\eta}\left[\frac{\partial}{\partial \zeta}(C_\eta Huu) + \frac{\partial}{\partial \eta}(C_\zeta Hvu) + Hvu\frac{\partial C_\zeta}{\partial \eta} - Hv^2\frac{\partial C_\eta}{\partial \zeta}\right] +$$

$$\frac{gu\sqrt{u^2+v^2}}{C^2} + \frac{gH}{C_\zeta}\frac{\partial h}{\partial \zeta} - fvH - f_s\rho_a u\sqrt{u^2+v^2} = \frac{1}{C_\zeta C_\eta}\left[\frac{\partial}{\partial \zeta}(C_\eta H\sigma_{\zeta\zeta}) + \right.$$

$$\left.\frac{\partial}{\partial \eta}(C_\zeta H\sigma_{\zeta\eta}) + H\sigma_{\zeta\eta}\frac{\partial C_\zeta}{\partial \eta} - H\sigma_{\eta\eta}\frac{\partial C_\eta}{\partial \zeta}\right] \qquad (4.2\text{-}6)$$

$$\frac{\partial (Hv)}{\partial t} + \frac{1}{C_\zeta C_\eta}\left[\frac{\partial}{\partial \zeta}(C_\eta Huv) + \frac{\partial}{\partial \eta}(C_\zeta Hvv) + Huv\frac{\partial C_\eta}{\partial \zeta} - Hu^2\frac{\partial C_\zeta}{\partial \eta}\right] +$$

$$\frac{gv\sqrt{u^2+v^2}}{C^2} + \frac{gH}{C_\zeta}\frac{\partial h}{\partial \eta} + fuH - f_s\rho_a v\sqrt{u^2+v^2} = \frac{1}{C_\zeta C_\eta}\left[\frac{\partial}{\partial \zeta}(C_\eta H\sigma_{\zeta\eta}) + \right.$$

$$\left.\frac{\partial}{\partial \eta}(C_\zeta H\sigma_{\eta\eta}) + H\sigma_{\zeta\eta}\frac{\partial C_\eta}{\partial \zeta} - H\sigma_{\zeta\zeta}\frac{\partial C_\zeta}{\partial \eta}\right] \qquad (4.2\text{-}7)$$

式中:θ_c 对应离散单元的面通度,为网格中能够被流体通过的面积(网格面积减去网格中固体或障碍物的面积)与整个网格面积之比,定义在网格中心;θ_ζ、θ_η 分别为对应于离散单元 ζ、η 方向的线通度,为该方向上能够被流体通过的网格长度与该网格总长之比,定义在网格边界上;u、v 分别为 ζ、η 方向流速分量,m/s;h 为水位,m;H 为水深,m;g 为重力加速度,m/s²;f 为柯氏力系数;f_s 为风阻力系数;ρ_a 为空气密度,kg/m³。系数 C_ζ、C_η 如下:

$$C_\zeta = \sqrt{x_\zeta^2 + y_\zeta^2},\ C_\eta = \sqrt{x_\eta^2 + y_\eta^2}$$

$\sigma_{\zeta\zeta}$、$\sigma_{\eta\eta}$、$\sigma_{\zeta\eta}$、$\sigma_{\eta\zeta}$ 为应力项,其表达式如下:

$$\sigma_{\zeta\zeta} = 2v_t\left(\frac{1}{C_\zeta}\frac{\partial u}{\partial \zeta} + \frac{v}{C_\zeta C_\eta}\frac{\partial C_\zeta}{\partial \eta}\right),\ \sigma_{\eta\eta} = 2v_t\left(\frac{1}{C_\eta}\frac{\partial v}{\partial \eta} + \frac{u}{C_\zeta C_\eta}\frac{\partial C_\eta}{\partial \zeta}\right)$$

$$\sigma_{\zeta\eta} = \sigma_{\eta\zeta} = v_t\left[\frac{C_\eta}{C_\zeta}\frac{\partial}{\partial \zeta}\left(\frac{v}{C_\eta}\right) + \frac{C_\zeta}{C_\eta}\frac{\partial}{\partial \eta}\left(\frac{u}{C_\zeta}\right)\right]$$

其中,v_t 为紊动黏性系数,即 $v_t = au_* H$。

式中:a 为系数;u_* 为摩阻流速;H 为水深,m。

② 计算方法

基本方程组采用 ADI 法离散。

③ 网格布置

珠江河口区水域广阔,而且有多个口门水流汇入,加上水域中存在多个岛屿,水下地形复杂。对于这样一个水域,如果采用传统的矩形网格进行离散,势必造成边界模拟精度不高、计算工作量巨大等缺陷,直接影响模型研究的精度。为此,采用珠江水利科学研究院自行开发的贴体正交曲线网格划分程序对二维模型计算区域剖分,共布置网格 944×807 个,最大网格尺寸约 290 m×524 m,最小网格尺寸约 9 m×19 m。

④ 动边界的处理

伶仃洋为潮汐河口,湾内有大大小小众多岛屿和浅滩,这些岛屿和浅滩随潮涨潮落,时没时显。为了正确模拟这些岛屿和浅滩在涨、落潮期间淹没及出露的不同状况,模型采用动边界技术对计算水域内岛屿和浅滩进行处理,即将落潮期间出露的区域转化为滩地,同时形成新边界;反之,将涨潮期间淹没的滩地转化成计算水域。

(3) 一、二维模型联解条件

根据水流连续条件,一、二维模型在联解点上应满足以下条件。

水位条件: $$Z_1 = Z_2 \tag{4.2-8}$$

流量条件: $$Q_1 = \int U_\zeta H_\zeta \mathrm{d}\zeta \tag{4.2-9}$$

式中：Z_1 为一维模型在内边界断面上的水位，m；Z_2 为二维模型在内边界上各节点的平均水位，m；Q_1 为一维模型在一、二维模型连接断面上的流量，m³/s；U_ξ 为二维模型在一、二维模型连接断面法向上的流速，m/s。

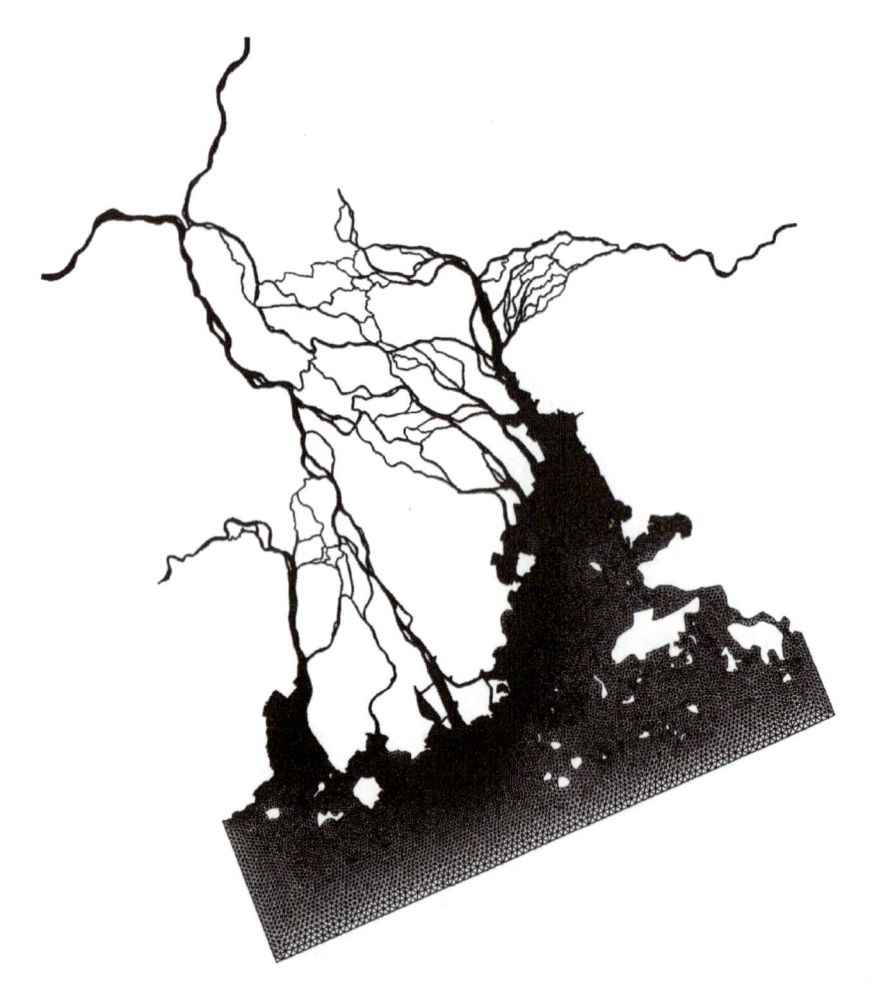

图 4.2-2　珠江河口二维数学模型计算网格

一、二维模型联解思想是一维模型以流量传递给二维模型，二维模型以水位传递给一维模型。首先将二维模型与一维模型连接的计算段进行消元，得到计算段方程作为一维模型边界的控制方程，解出一、二维模型连接断面上的物理量后，分别回代给一、二维模型计算所有各计算点上的物理量。

一维模型传递给二维模型的流量按谢才公式加权分配给断面各条垂线：

$$U_{I1-\frac{1}{2},J}^{N+\frac{1}{2}} = \frac{\sqrt{H_{I1,J}} C_{I1,J}}{\sum_{j=1}^{n} B_{I1,J} H_{I1,J}^{1.5} C_{I1,J}} Q_1 = \beta_{I1,J} Q_1 \quad (4.2-10)$$

式中：Q_1 为一、二维连接断面的流量，m³/s；$U_{I1-\frac{1}{2},J}$ 为一、二维连接断面上第 j 条垂线的流速，m/s；$C_{I1,J}$ 为一、二维连接断面上第 j 条垂线的谢才系数，$m^{\frac{1}{2}}/s$；$B_{I1,J}$ 为一、二维连接断面上第 j 条垂线与第 $j+1$ 条垂线之间的宽度，m；$H_{I1,J}$ 为一、二维连接断面上第 j 条垂线对应的水深，m；$\beta_{I1,J}$ 为系数。

二维模型水位传递给一维模型的控制方程为：

$$Z_{I1,J}^{N+\frac{1}{2}} = \psi_{I1,J} + \alpha_{I1,J} U_{I1-\frac{1}{2},J}^{N+\frac{1}{2}} + \lambda_{I1,J} U_{I_{n}+\frac{1}{2},J}^{N+\frac{1}{2}} + \sigma_{I1,J} Z_{I_{n}+1,J}^{N+\frac{1}{2}} \quad (4.2-11)$$

左边界为流量边界条件时 $\sigma_{I1,J}=0$，左边界为水位边界条件时 $\lambda_{I1,J}=0$。

$$Z_1 = \Gamma Q_1 + \Phi \quad (4.2-12)$$

式中：$\Gamma = \frac{1}{N} \sum_{J=1}^{N} \alpha_{I1,J} \beta_{I1,J}$；$\Phi = \frac{1}{N} \sum_{J=1}^{N} (\psi_{I1,J} + \lambda_{I1,J} U_{I_{n}+\frac{1}{2},J}^{N+\frac{1}{2}} + \sigma_{I1,J} Z_{I_{n}+1,J}^{N+\frac{1}{2}})$。

将方程（4.2-12）作为一维模型的边界方程，通过河网非恒定流三级联解即可解出一、二维模型连接断面上的水位及流量，利用连接断面上的水位及流量，分别回代给一、二维模型即可计算所有各计算点上的物理量。

（4）网格布置

网格布置对模型计算效率及精度有直接影响，为此，本次研究采用非结构网格，河道内采用贴体四边形网格，在河道交汇处、口外复杂区域及桥梁工程附近区域采用三角形网格进行加密。

珠江河口西四口门模型计算共包含 84 579 个网格，46 548 个节点。

4.2.1.3 模型率定与验证

一、二维联解模型率定选取珠江口近年资料较齐全的 1998 年 6 月大洪水、1999 年 7 月中洪水和 2001 年 2 月枯水三组代表洪、中、枯不同水文条件，分别率定河道糙率。

（1）1999 年 7 月中洪水组合数据获取任务，由珠江水利委员会水文局和广东省水文局共同承担。其在西北江三角洲河网区对河道进行同步水文测验，布设了 64 处测验断面，用于模型糙率的率定。

（2）获取 1998 年 6 月大洪水组合数据，进一步验证大洪水条件下水闸开

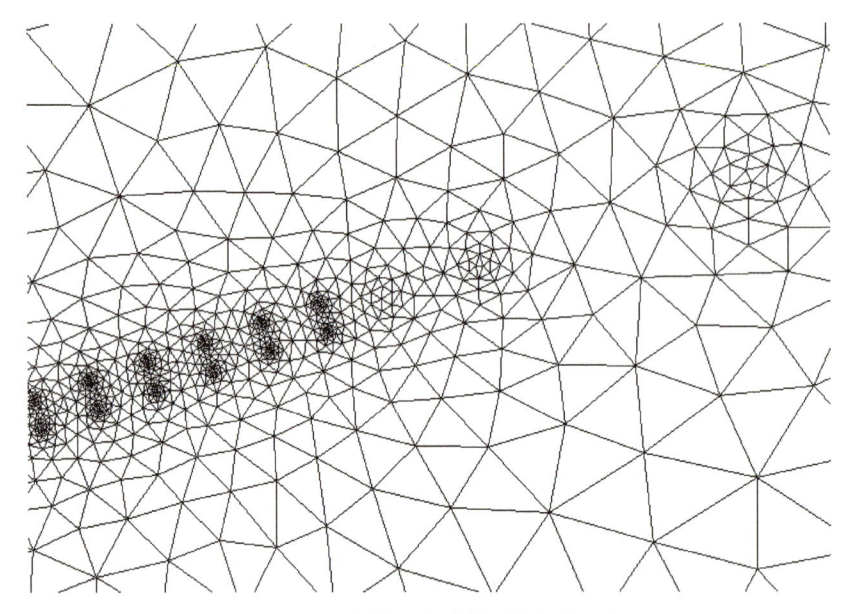

图 4.2-3　桥墩周边计算网格加密示意

启情况。

由于1999年7月中洪水较小，马口、三水站洪峰流量只是接近均值，且洪水主要来自西江，而北江很小，测流过程中三角洲河网区中的分洪闸多数不开闸，开闸的也分洪较小。而在设计情况下，洪峰流量较大，水闸需按设计要求分洪，为配合糙率值的率定，选取近年来较大的1998年6月洪水（三水站接近100年一遇）来辅助验证水闸开启情况，中洪水条件下率定的糙率基本适用，大洪水条件下部分河道糙率需适当微调。

（3）2001年2月枯水组合，是珠江三角洲较完整的一次枯季水文测验资料，包括大、中、小潮。中洪水条件下率定的糙率基本适用，部分河道糙率需要进行微调。

一维数学模型率定成果见表4.2-1，水位验证成果见表4.2-2至表4.2-5，流量验证成果见表4.2-6至表4.2-7。

验证的潮位、潮流量过程与原型资料吻合较好，模型的涨、落潮历时和相位与原型实测资料基本一致，潮位特征值验证误差绝大部分都小于±0.10 m，模型验证成果误差符合《水运工程模拟试验技术规范》（JTS/T 231—2021）规定的精度要求。

表 4.2-1 一维数学模型率定河道糙率成果

河道名称	分段位置	糙率	河道名称	分段位置	糙率
西江干流（马口—甘竹）	上段	0.023	勒流涌		0.028
	中段	0.028	甘竹溪		0.018
	下段	0.029	北江干流（三水—紫洞口）	上段（三水附近）	0.025
西海水道	天河段	0.027		西南闸附近段	0.025
	北街段	0.020		西南闸下—紫洞口段	0.024
	潮莲段	0.022	南沙涌		0.024
海洲水道		0.030	顺德水道	入口段	0.025
磨刀门水道	外海—百顷段	0.020		三多段	0.026
	大敖段	0.019		水藤段	0.027
	竹银—灯笼山上段	0.022		鲤鱼沙段	0.026
	竹银—灯笼山中段	0.018		稔海段	0.022
	竹银—灯笼山下段	0.015		三善滘右段	0.026
石板沙水道		0.022	沙湾水道	上段	0.026
虎跳门水道	百顷—睦洲口段	0.020		中段	0.023
	睦洲口上段	0.016		下段	0.023
	睦洲口下段	0.016	东平水道	紫洞段	0.024
	莲腰段	0.014		澜石段	0.027
	横坑段	0.030		五斗段	0.027
	横山—西炮台段	0.022		大尾角段	0.022
劳劳溪	上段	0.022	吉利涌		0.026
	下段	0.020	潭洲水道	上段	0.026
泥湾门水道		0.018		下段	0.024
赤粉水道		0.017	陈村支涌		0.030
鸡啼门水道		0.017	陈村水道	上段	0.022
虎坑水道	上段	0.025		下段	0.015
	中段	0.020	濠滘口		0.025
	下段	0.020	骝岗涌		0.017
潭江		0.030	西樵涌		0.020
崖门水道		0.018	蕉门水道	上段	0.020
东海水道		0.028		中段	0.016
小榄水道		0.027		下段	0.015

续表

河道名称	分段位置	糙率	河道名称	分段位置	糙率
鸡鸦水道	上段	0.020	上横沥		0.023
	中段	0.024	下横沥		0.025
	下段	0.024	李家沙水道		0.025
横门水道		0.022	洪奇沥水道	板沙尾段	0.018
桂洲水道		0.023		大陇滘段	0.020
新沙沥		0.023		冯马庙段	0.015
黄沙沥		0.030	东江	东江北干流	0.020
容桂水道	上段	0.030		东江南支流	0.020
	下段	0.021		东江干道	0.025
顺德支流		0.020		增江	0.025

表 4.2-2 河网区水位验证误差统计表（1999年7月中洪水） 单位：m

序号	验证站点	最高潮（水）位 实测	最高潮（水）位 计算	最高潮（水）位 误差	最低潮（水）位 实测	最低潮（水）位 计算	最低潮（水）位 误差
1	博罗站	4.47	4.47	0.00	4.09	4.09	0.00
2	麒麟咀站	4.43	4.38	−0.05	3.47	3.43	−0.04
3	大盛断面	1.63	1.65	0.02	−0.91	−0.95	−0.04
4	麻涌断面	1.70	1.66	−0.04	−0.96	−0.95	0.01
5	漳澎断面	1.51	1.59	0.08	−0.98	−0.95	0.03
6	泗盛围断面	1.59	1.57	−0.02	−1.02	−1.09	−0.07
7	老鸦岗断面	1.61	1.71	0.10	−0.47	−0.44	0.03
8	黄沙断面	1.76	1.87	0.11	−0.61	−0.62	−0.01
9	浮标厂断面	1.79	1.89	0.10	−0.59	−0.62	−0.03
10	中大站	1.80	1.79	−0.01	−0.82	−0.79	0.03
11	黄埔左断面	1.66	1.72	0.06	−1.00	−0.94	0.06
12	黄埔右断面	1.72	1.72	0.00	−0.95	−0.93	0.02
13	三水站	5.72	5.80	0.08	4.38	4.31	−0.07
14	紫洞断面	4.02	4.04	0.02	2.70	2.80	0.10
15	海口水闸站	3.50	3.49	−0.01	2.12	2.23	0.11
16	吉利断面	3.56	3.55	−0.01	2.25	2.32	0.07

续表

序号	验证站点	最高潮(水)位 实测	最高潮(水)位 计算	最高潮(水)位 误差	最低潮(水)位 实测	最低潮(水)位 计算	最低潮(水)位 误差
17	澜石断面	2.97	2.99	0.02	1.62	1.70	0.08
18	奇槎闸	2.50	2.52	0.02	0.85	0.97	0.12
19	弼教水文	2.77	2.67	−0.10	1.44	1.41	−0.03
20	碧江断面	2.27	2.23	−0.04	0.92	0.93	0.01
21	三善左断面	2.20	2.17	−0.03	0.79	0.86	0.07
22	五斗断面	2.12	2.12	0.00	0.03	0.09	0.06
23	沙洛围断面	1.95	1.90	−0.05	−0.60	−0.59	0.01
24	均安水闸	2.16	2.09	−0.07	0.05	0.03	−0.02
25	大石断面	1.87	1.85	−0.02	−0.70	−0.62	0.08
26	三多站	3.80	3.78	−0.02	2.53	2.56	0.03
27	西海水闸	2.63	2.43	−0.20	1.40	1.25	−0.15
28	石仔沙断面	3.75	3.78	0.03	2.45	2.55	0.10
29	龙津水闸	3.80	3.74	−0.06	2.51	2.51	0.00
30	人字水船闸	3.62	3.56	−0.06	2.32	2.35	0.03
31	水藤(海口)站	3.36	3.28	−0.08	2.09	2.11	0.02
32	歌滘水闸	3.21	3.20	−0.01	1.97	2.04	0.07
33	扶闾大闸站	3.14	3.04	−0.10	1.91	1.90	−0.01
34	菊花湾水闸	3.01	3.04	0.03	1.78	1.90	0.12
35	黄麻涌水闸	2.86	2.74	−0.12	1.65	1.61	−0.04
36	三洪奇水闸	2.77	2.57	−0.20	1.54	1.42	−0.12
37	霞石断面	2.45	2.43	−0.02	1.23	1.25	0.02
38	三善右断面	2.39	2.35	−0.04	1.13	1.17	0.04
39	三沙口断面	1.60	1.61	0.01	−0.87	−0.83	0.04
40	西樵断面	2.03	2.01	−0.02	0.57	0.59	0.02
41	鱼窝头断面	1.91	1.86	−0.05	0.32	0.24	−0.08
42	亭角断面	1.67	1.70	0.03	−0.31	−0.26	0.05
43	邓滘沙断面	2.72	2.68	−0.04	1.53	1.50	−0.03
44	勒流断面	2.78	2.69	−0.09	1.54	1.49	−0.05

续表

序号	验证站点	最高潮(水)位 实测	最高潮(水)位 计算	最高潮(水)位 误差	最低潮(水)位 实测	最低潮(水)位 计算	最低潮(水)位 误差
45	众涌水闸	2.68	2.52	−0.16	1.32	1.25	−0.07
46	新涌水闸	2.49	2.47	−0.02	1.25	1.19	−0.06
47	冲鹤闸站	2.50	2.45	−0.05	1.26	1.16	−0.10
48	安利闸站	2.46	2.40	−0.06	1.15	1.12	−0.03
49	南华断面	3.46	3.48	0.02	2.24	2.26	0.02
50	马宁闸站	3.24	3.28	0.04	2.03	2.05	0.02
51	凫洲河水闸	3.31	3.32	0.01	2.12	2.10	−0.02
52	新宁水闸	3.25	3.16	−0.09	1.94	1.94	0.00
53	东海水闸下闸	3.03	2.99	−0.04	1.75	1.78	0.03
54	龙涌水闸	2.93	2.92	−0.01	1.73	1.73	0.00
55	容奇断面	2.48	2.43	−0.05	1.26	1.18	−0.08
56	漕渔闸站	2.26	2.27	0.01	0.93	0.92	−0.01
57	桂畔海水闸	2.10	2.15	0.05	0.69	0.74	0.05
58	南头断面	2.71	2.74	0.03	1.52	1.58	0.06
59	穗西水闸	2.83	2.60	−0.23	1.65	1.43	−0.22
60	孖沙水闸	2.58	2.51	−0.07	1.35	1.35	0.00
61	海尾水闸	2.61	2.65	0.04	1.40	1.49	0.09
62	海尾断面	2.59	2.65	0.06	1.40	1.49	0.09
63	三围断面	2.37	2.31	−0.06	1.11	1.12	0.01
64	板沙尾站	1.99	2.07	0.08	0.56	0.61	0.05
65	眉蕉尾水闸	2.07	2.03	−0.04	0.55	0.57	0.02
66	乌珠断面	1.97	1.96	−0.01	0.49	0.53	0.04
67	乌沙水闸	2.32	2.26	−0.06	1.01	1.04	0.03
68	大陇窖断面	1.90	1.90	0.00	0.30	0.33	0.03
69	上横断面	1.83	1.82	−0.01	0.18	0.19	0.01
70	下横断面	1.76	1.76	0.00	0.00	0.00	0.00
71	黄沙沥断面	1.86	1.86	0.00	0.27	0.26	−0.01
72	二滘口水闸	2.00	1.98	−0.02	0.55	0.63	0.08

续表

序号	验证站点	最高潮(水)位 实测	最高潮(水)位 计算	最高潮(水)位 误差	最低潮(水)位 实测	最低潮(水)位 计算	最低潮(水)位 误差
73	小榄断面	2.91	2.91	0.00	1.74	1.71	−0.03
74	马口站	6.01	6.12	0.11	4.58	4.64	0.06
75	五顶岗闸	5.92	5.97	0.05	4.46	4.50	0.04
76	金洲水闸站	5.72	5.73	0.01	4.29	4.30	0.01
77	仓江泵站	4.66	4.63	−0.03	3.33	3.29	−0.04
78	沙坪水闸	3.87	3.89	0.02	2.06	2.62	0.02
79	天河站	3.50	3.44	−0.06	2.28	2.21	−0.07
80	北街断面	2.89	2.86	−0.03	1.81	1.68	−0.13
81	北街水闸	2.87	2.86	−0.01	1.70	1.68	−0.02
82	潮莲断面	2.70	2.68	−0.02	1.53	1.51	−0.02
83	南面水闸	3.12	3.11	−0.01	2.00	1.93	−0.07
84	槎滘水闸	2.99	2.94	−0.05	1.84	1.74	−0.10
85	百顷断面	2.28	2.25	−0.03	1.09	1.10	0.01
86	睦洲口断面	2.10	2.10	0.00	0.86	0.92	0.06
87	睦洲水闸	2.06	2.09	0.03	0.86	0.90	0.04
88	莲腰断面	2.06	2.03	−0.03	0.75	0.84	0.09
89	大敖河口水闸	2.37	2.16	−0.21	1.16	1.02	−0.14
90	大鳌断面	2.19	2.17	−0.02	0.95	0.95	0.00
91	大敖南闸	2.01	1.92	−0.09	0.69	0.65	−0.04
92	竹银断面	1.56	1.59	0.03	0.19	0.16	−0.03
93	竹排沙站	1.36	1.38	0.02	−0.14	−0.12	0.02
94	竹洲头站	1.69	1.71	0.02	0.27	0.25	−0.02
95	六乡西北	1.60	1.62	0.02	0.01	−0.07	−0.08
96	卡闸白蕉站	1.43	1.36	−0.07	−0.30	−0.36	−0.06
97	劳劳溪断面	1.71	1.69	−0.02	0.06	0.07	0.01
98	横山站	1.66	1.65	−0.01	−0.01	−0.03	−0.02
99	石咀断面	1.41	1.43	0.02	−0.90	−0.88	0.02
100	睦洲水闸下游	1.64	1.74	0.10	−0.06	0.23	0.29

续表

序号	验证站点	最高潮(水)位 实测	最高潮(水)位 计算	最高潮(水)位 误差	最低潮(水)位 实测	最低潮(水)位 计算	最低潮(水)位 误差
101	虎坑断面	1.45	1.44	−0.01	−0.92	−0.80	0.12
102	市桥石基	1.71	1.69	−0.02	−0.32	−0.32	0.00

表 4.2-3　河网区水位验证误差统计表(1998 年 6 月洪水)　　　　单位:m

验证站点	最高水位	误差	验证站点	最高水位	误差
大盛	2.19	0.05	勒竹	3.79	−0.02
老鸦岗	2.62	0.00	碧江	3.76	−0.01
浮标厂	2.49	0.00	大石	2.46	−0.03
黄埔左	2.25	0.05	冲鹤闸站	4.26	0.02
三水	9.65	0.06	安利闸站	4.09	−0.04
紫洞	7.35	0.05	南华	5.77	0.01
三多	6.85	−0.05	凫洲河水闸	5.60	0.02
人字水船闸	6.52	−0.06	小榄	4.86	−0.03
水藤(海口)站	6.05	−0.08	马宁闸站	5.54	0.09
歌滘水闸	5.87	0.06	容奇	3.89	−0.03
黄麻涌水闸	5.2	0.08	桂畔海水闸	3.39	0.02
三洪奇水闸	4.81	0.00	南头	4.49	−0.06
三善右	3.89	−0.06	马鞍	3.75	0.01
三沙口	1.96	0.01	海尾	4.16	0.00
市桥	2.4	−0.03	板沙尾站	3.13	−0.02
海口水闸站	6.15	0.03	上横	2.31	−0.04
澜石	5.89	0.05	下横	2.17	−0.07
五斗	3.21	0.05	沙洛围	2.49	−0.04
马口站	9.43	−0.05	竹排沙	1.87	0.00
五顶岗闸	9.35	−0.02	百顷	3.64	−0.08
金洲水闸站	8.94	−0.08	睦洲口	3.32	0.02
仓江泵站	7.58	0.06	竹洲头	2.43	0.04
沙坪水闸	6.57	−0.04	白蕉站	1.69	0.06
天河站	5.9	−0.05	横山站	2.11	−0.03

续表

验证站点	最高水位	误差	验证站点	最高水位	误差
北街	4.83	−0.04	石咀	2.14	0.00
大鳌	3.41	−0.07	三江口	2.01	0.02
竹银	2.3	0.04			

表 4.2-4　河网区水位验证误差统计表（2001 年 2 月枯水）　　　单位：m

序号	验证站点	最高水位 实测	最高水位 计算	最高水位 误差	最低水位 实测	最低水位 计算	最低水位 误差
1	大盛	1.67	1.67	0.00	−1.25	−1.43	−0.18
2	麻涌	1.65	1.67	0.02	−1.35	−1.43	−0.08
3	漳澎	1.66	1.65	−0.01	−1.21	−1.45	−0.24
4	泗盛围	1.73	1.69	−0.04	−1.37	−1.62	−0.25
5	老鸦岗	1.44	1.44	0.00	−0.82	−0.82	0.00
6	浮标厂	1.63	1.63	0.00	−1.11	−1.16	−0.05
7	黄埔左	1.71	1.68	−0.03	−1.42	−1.39	0.03
8	大虎	1.63	1.64	0.01	−1.40	−1.66	−0.26
9	三水	1.32	1.32	0.00	−0.17	−0.17	0.00
10	石仔沙	1.32	1.37	0.05	−0.39	−0.37	0.02
11	三善左	1.42	1.40	−0.02	−0.68	−0.56	0.12
12	三善右	1.34	1.37	0.03	−0.62	−0.52	0.10
13	三沙口	1.65	1.66	0.01	−1.33	−1.46	−0.13
14	澜石	1.45	1.41	−0.04	−0.58	−0.60	−0.02
15	五斗	1.47	1.60	0.13	−0.95	−0.99	−0.04
16	沙洛围	1.68	1.64	−0.04	−0.99	−1.16	−0.17
17	勒竹	1.43	1.45	0.02	−0.72	−0.59	0.13
18	大石	1.66	1.63	−0.03	−1.21	−1.16	0.05
19	邓溶沙	1.34	1.43	0.09	−0.55	−0.58	−0.03
20	勒流	1.31	1.40	0.09	−0.54	−0.53	0.01
21	南华	1.23	1.18	−0.05	−0.35	−0.34	0.01
22	小榄	1.25	1.24	−0.01	−0.43	−0.44	−0.01
23	横门	1.61	1.39	−0.22	−0.87	−0.88	−0.01

续表

序号	验证站点	最高水位 实测	最高水位 计算	最高水位 误差	最低水位 实测	最低水位 计算	最低水位 误差
24	容奇	1.32	1.34	0.02	−0.59	−0.54	0.05
25	海尾	1.29	1.27	−0.02	−0.54	−0.48	0.06
26	三围	1.37	1.36	−0.01	−0.63	−0.53	0.10
27	板沙尾站	1.41	1.42	0.01	−0.80	−0.73	0.07
28	乌珠	1.49	1.45	−0.04	−0.74	−0.72	0.02
29	上横	1.52	1.51	−0.01	−0.83	−0.79	0.04
30	下横	1.55	1.57	0.02	−0.86	−0.88	−0.02
31	黄沙沥	1.46	1.46	0.00	−0.76	−0.77	−0.01
32	冯马庙	1.54	1.47	−0.07	−0.80	−0.82	−0.02
33	南沙	1.57	1.59	0.02	−0.99	−0.90	0.09
34	马口站	1.23	1.23	0.00	−0.19	−0.19	0.00
35	天河站	1.17	1.16	−0.01	−0.36	−0.34	0.02
36	北街	1.16	1.18	0.02	−0.47	−0.41	0.06
37	竹排沙	1.30	1.31	0.01	−0.87	−0.86	0.01
38	灯笼山右	1.32	1.33	0.01	−0.96	−0.95	0.01
39	百顷	1.18	1.21	0.03	−0.58	−0.52	0.06
40	睦洲口	1.22	1.24	0.02	−0.61	−0.56	0.05
41	莲腰	1.30	1.24	−0.06	−0.61	−0.58	0.03
42	竹洲头	1.29	1.26	−0.03	−0.86	−0.76	0.10
43	白蕉站	1.35	1.37	0.02	−1.00	−0.95	0.05
44	黄金	1.36	1.36	0.00	−1.10	−0.97	0.13
45	横山站	1.26	1.39	0.13	−1.00	−0.90	0.10
46	西炮台	1.43	1.55	0.12	−1.22	−1.16	0.06
47	石咀	1.30	1.33	0.03	−1.02	−0.72	0.30
48	官冲	1.41	1.64	0.23	1.22	1.22	0.00

表4.2-5　河网区流量验证误差统计表(1999年7月中洪水)

序号	断面	全潮流量平均(m^3/s) 实测	全潮流量平均(m^3/s) 计算	误差	洪峰流量(m^3/s) 实测	洪峰流量(m^3/s) 计算	误差
1	黄沙断面	151	169	11.9%	1 820	1 872	2.9%
2	沙洛围断面	1 400	1 508	7.7%	2 050	2 187	6.7%
3	大虎断面	5 462	5 474	0.2%	28 800	27 431	−4.8%
4	紫洞断面	1 547	1 561	0.9%	1 860	1 819	−2.2%
5	石仔沙断面	5 048	5 242	3.8%	6 170	5 943	−3.7%
6	三善右断面	3 956	4 103	3.7%	4 830	4 924	1.9%
7	澜石断面	2 292	2 505	9.3%	2 870	2 978	3.8%
8	弼教水文	902	963	6.8%	1 240	1 202	−3.1%
9	三善左断面	819	793	−3.2%	1 040	998	−4.0%
10	三沙口断面	2 840	2 753	−3.1%	4 460	4 034	−9.6%
11	西樵断面	1 043	1 050	0.7%	1 320	1 326	0.5%
12	亭角断面	1 182	1 256	6.3%	2 280	2 364	3.7%
13	上横断面	1 786	1 913	7.1%	2 500	2 324	−7.0%
14	下横断面	3 137	3 541	12.9%	4 240	4 421	4.3%
15	南沙断面	6 023	6 710	11.4%	10 800	9 840	−8.9%
16	大陇窖断面	7 774	7 952	2.3%	10 900	10 004	−8.2%
17	黄沙沥断面	970	914	−5.8%	1 220	1 110	−9.0%
18	冯马庙	3 076	3 410	10.9%	4 500	4 787	6.4%
19	南华断面	10 410	10 892	4.6%	13 200	12 344	−6.5%
20	南头断面	3 927	3 689	−6.1%	4 780	4 270	−10.7%
21	三围断面	924	886	−4.1%	1 200	1 109	−7.6%
22	容奇断面	2 988	3 146	5.3%	3 440	3 605	4.8%
23	海尾断面	2 170	2 146	−1.1%	2 670	2 499	−6.4%
24	乌珠断面	406	406	−0.0%	516	490	−5.0%
25	小榄断面	1 786	1 911	7.0%	2 470	2 243	−9.2%
26	横门断面	4 303	4 279	−0.6%	5 400	5 560	3.0%
27	邓溶沙断面	673	673	0.0%	759	760	0.1%
28	天河站	11 190	12 288	9.8%	13 800	13 711	−0.6%

续表

序号	断面	全潮流量平均(m³/s) 实测	全潮流量平均(m³/s) 计算	误差	洪峰流量(m³/s) 实测	洪峰流量(m³/s) 计算	误差
29	北街断面	5 835	5 694	−2.4%	7 130	6 396	−10.3%
30	潮莲断面	6 276	6 080	−3.1%	8 110	6 979	−13.9%
31	百顷断面	5 348	5 890	10.1%	6 480	7 003	8.1%
32	睦洲口断面	2000	2 206	10.3%	2 430	2 620	7.8%
33	大鳌断面	5 224	6 098	16.7%	6 540	7 139	9.2%
34	灯笼山	8 293	8 904	7.4%	12 830	12023	−6.3%
35	竹洲头站	873	878	0.6%	1 070	1 065	−0.5%
36	黄金断面	1 219	1 224	0.4%	2 110	2 099	−0.5%
37	劳劳溪断面	454	475	4.6%	674	635	−5.8%
38	西炮台断面	1 066	1 127	5.7%	2 130	1913	−10.2%
39	虎坑断面	651	646	−0.8%	990	904	−8.7%
	平均值	3 216	3 368	4.7%	4 914	4 742	−3.5%

表 4.2-6 河网区流量验证误差统计表(2001 年 2 月枯水)

序号	验证站点	落潮平均流量(m³/s) 实测	落潮平均流量(m³/s) 计算	误差	涨潮平均流量(m³/s) 实测	涨潮平均流量(m³/s) 计算	误差
1	大虎	15 889.81	16 122.78	1.47%	16 601.49	15 785.36	−4.92%
2	南沙	3 195.92	3 125.48	−2.20%	3 212.22	2 753.36	−14.29%
3	冯马庙	1 473.25	1 255.03	−14.81%	1 058.74	1 160.11	9.57%
4	横门	1 856.75	1 788.13	−3.70%	1 848.09	1 388.63	−24.86%
5	灯笼山	3 379.92	3 626.07	7.28%	3 070.52	2 640.63	−14.00%
6	黄金	792.14	713.20	−9.97%	796.04	746.81	−6.18%
7	西炮台	750.67	726.31	−3.25%	733.30	765.53	4.40%
8	官冲	4 099.59	3 865.36	−5.71%	4 763.67	4 347.55	−8.74%
9	老鸦岗	707.20	739.67	4.59%	788.23	835.10	5.95%
10	三水	958.35	930.88	−2.87%	420.86	456.08	8.37%
11	澜石	346.33	458.65	32.43%	387.40	400.75	3.45%
12	沙洛围	620.73	622.13	0.23%	633.93	679.98	7.26%
13	大石	186.05	192.96	3.71%	199.30	207.38	4.05%

续表

序号	验证站点	落潮平均流量(m³/s) 实测	落潮平均流量(m³/s) 计算	误差	涨潮平均流量(m³/s) 实测	涨潮平均流量(m³/s) 计算	误差
14	三善右	1 364.25	1 435.80	5.24%	1 304.00	1 355.86	3.98%
15	三善左	266.94	328.16	22.93%	325.34	332.87	2.31%
16	三沙口	1 388.98	1 507.63	8.54%	1 594.08	1 545.37	−3.06%
17	勒流	162.66	175.76	8.05%	155.25	141.70	−8.73%
18	南华	2026.77	2 146.55	5.91%	1 491.03	1 599.57	7.28%
19	容奇	607.11	588.07	−3.14%	509.89	422.16	−17.21%
20	三围	413.33	358.73	−13.21%	347.44	341.18	−1.80%
21	小榄	374.16	398.45	6.49%	310.02	310.95	0.30%
22	海尾	491.17	467.20	−4.88%	279.73	343.12	22.66%
23	黄沙沥	256.45	239.14	−6.75%	270.84	193.08	−28.71%
24	下横	1 261.01	1 223.67	−2.96%	1 155.39	842.05	−27.12%
25	马口	3 217.88	3 012.91	−6.37%	1 408.08	1 512.88	7.44%
26	天河	2 082.27	2 390.51	14.80%	1 584.89	1 556.59	−1.79%
27	竹洲头	231.98	237.08	2.20%	229.09	248.94	8.66%
28	石咀	1 793.30	1 751.36	−2.34%	1 821.08	1 959.48	7.60%

注：所有56个数据点中，共有12个数据误差大于10%，合格率约为80%。个别误差较大的站点，可能是地形不够匹配或实测资料误差所致，同时也与其自身潮流量较小有关。

表4.2-7　河口区水位验证误差统计表(1998年6月洪水)　　　　单位：m

验证站点	统计项	实测值	计算值	误差
担杆岛	平均潮位	−0.12	−0.14	−0.02
大万山	平均潮位	−0.12	−0.13	−0.01
三灶	平均潮位	−0.07	−0.12	−0.05
乐安排	平均潮位	−0.13	−0.13	0.00
大虎	平均潮位	0.28	0.21	−0.07
南沙	平均潮位	0.75	0.78	0.03
冯马庙	平均潮位	1.46	1.48	0.02
横门	平均潮位	1.20	1.25	0.05
凫洲	平均潮位	0.54	0.51	−0.03

续表

验证站点	统计项	实测值	计算值	误差
横门南汊	平均潮位	0.60	0.67	0.07
金星门	平均潮位	−0.16	−0.22	−0.06
内伶仃岛	平均潮位	−0.20	−0.23	−0.03
赤湾	平均潮位	−0.23	−0.23	0.00

4.2.2 珠江河口整体潮汐物理模型设计与验证

4.2.2.1 模型设计

(1) 模型概况

本书物理模型试验研究在珠江水利科学研究院已建的珠江河口整体潮汐物理模型上进行。该模型的设计及验证成果已于2003年10月通过了水利部国际合作与科技司主持的鉴定，鉴定认为珠江河口整体物理模型的设计与验证总体上达到国际先进水平，其中潮汐控制系统达到国际领先水平。该研究成果获水利部2004年大禹水利科学技术二等奖。珠江河口整体物理模型的建立为研究珠江河口的潮流泥沙规律、论证大型涉水工程的防洪影响和制定珠江河口的治理规划方案提供了一个良好的技术平台。

(2) 模型范围

模型的下边界选在珠江八大出海口门外海区−25 m等高线，并延长5 km左右的过渡段，其中高栏岛以南海域模型的下边界在−30 m等高线以外。模型的上边界为：西北江上游至两江交汇处思贤滘附近，广州水道上游至老鸦岗，东江至石龙，银洲湖河道上至石咀，并分别向上游延伸2 km作为过渡段。上边界以上用扭曲水道相连接，用以模拟潮区界段纳潮的长度和容积。所有上、下边界的过渡段都模拟实测地形，以保证模型水流与原型相似。模型范围包括上游河网区、八大口门及附近海域，模型的原型长度为140 km，模型的原型宽度为120 km。

模型布置示意图见图4.2-4。

(3) 模型比尺

①模型平面比尺

根据试验场地面积、供水能力，选定模型的平面比尺 λ_l 为700。

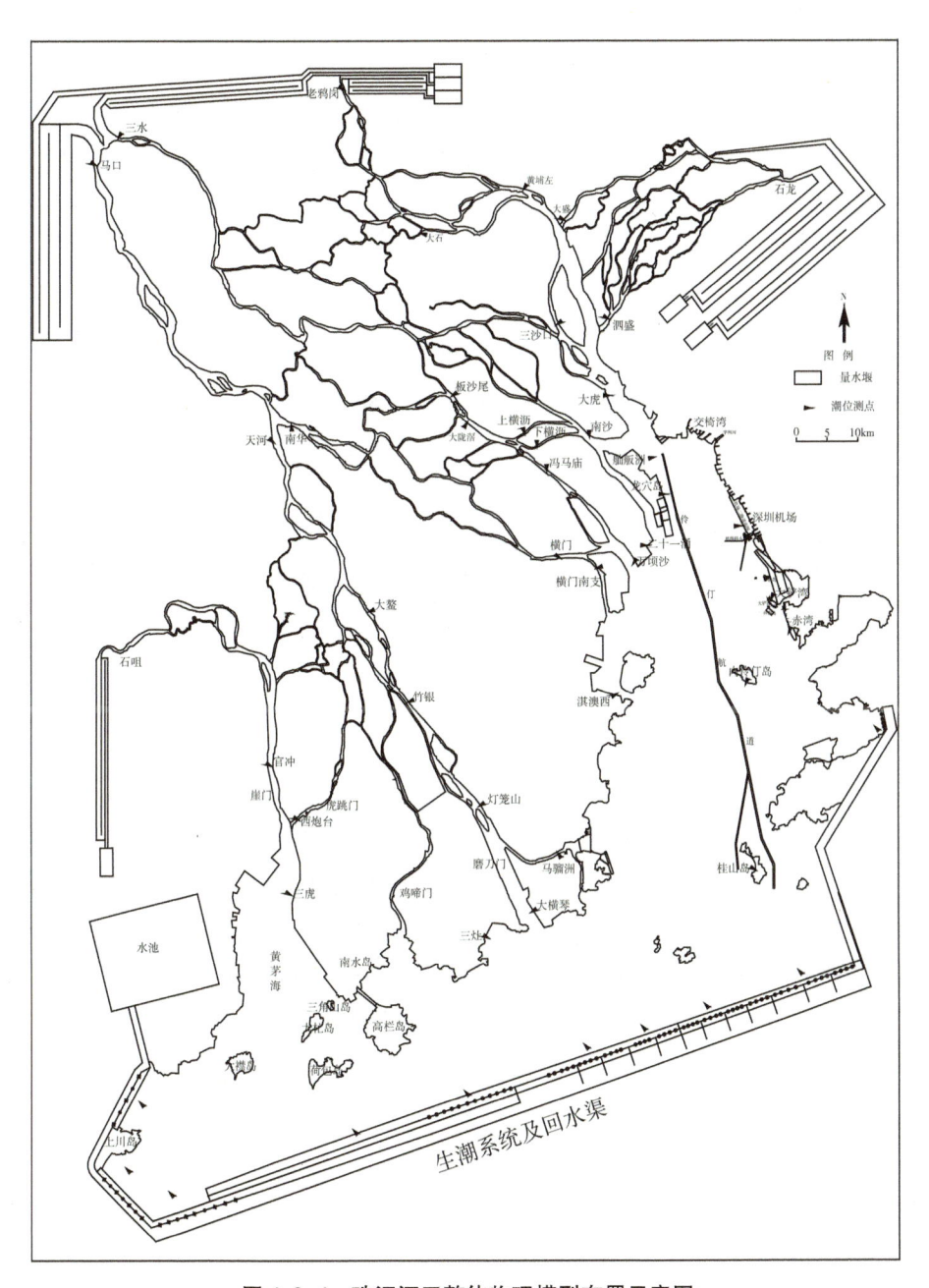

图 4.2-4 珠江河口整体物理模型布置示意图

②模型垂直比尺

垂直比尺的确定必须考虑层流与紊流的界限、阻力平方区的界限、表面张力起作用的界限、变率的限制,以及变态模型糙率实现的可能性等。采用如下李昌华的模型,根据水流处于紊流阻力平方区的水深比尺判据条件来确定模型垂直比尺:

$$\lambda_h \leqslant 4.22 \left(\frac{V_P H_P}{\nu_m}\right)^{2/11} \lambda_P^{8/11} \lambda_l^{8/11} \qquad (4.2\text{-}13)$$

式中:V_P 为原型水流流速;H_P 为原型河道最小平均水深;λ_l 为模型的平面比尺;λ_P 为原型的阻力系数;ν_m 为模型水流运动黏滞系数。

经综合分析,并参考国内大型河口模型设计,最后确定本模型的垂直比尺 λ_h 为 100,相应的变率 η 为 7。

(4) 水流运动相似比尺

要使模型水流和原型相似,模型与原型必须满足水流运动相似。根据重力相似条件,得流速比尺为:

$$\lambda_v = \lambda_h^{1/2} = 10 \qquad (4.2\text{-}14)$$

根据阻力相似条件,得糙率比尺为:

$$\lambda_n = \frac{\lambda_h^{2/3}}{\lambda_l^{1/2}} = 0.814 \qquad (4.2\text{-}15)$$

根据实测资料,原型糙率为 0.012～0.038,按模型糙率比尺折算,模型要求的糙率为 0.015～0.047,一般水泥抹面的糙率约为 0.014,通过加糙较容易达到阻力相似,口门区以下能满足小于 0.03 要求,符合交通运输部技术规程规定。河网区局部河段大于 0.03,须采用特殊加糙方法才能达到阻力相似的要求。

水流时间比尺为:

$$\lambda_{t_1} = \frac{\lambda_l}{\lambda_v} = 70 \qquad (4.2\text{-}16)$$

流量比尺为:

$$\lambda_Q = \lambda_l \lambda_h^{3/2} = 700\,000 \qquad (4.2\text{-}17)$$

潮量比尺为:

$$\lambda_W = \lambda_l^2 \lambda_h = 49\,000\,000 \qquad (4.2\text{-}18)$$

(5) 模型沙的选择及泥沙运动相似比尺

根据任务要求,本次泥沙模型试验需要通过局部动床泥沙试验,研究工程实施后桥墩附近及桥址断面冲淤变化;通过悬沙淤积泥沙模型试验,研究大桥工程对黄茅海滩槽淤积产生的影响。

① 局部动床模型

局部动床模型需满足几何相似、潮流运动相似及泥沙运动相似。基于局部动床模型研究的目的,考虑到悬移质泥沙对桥墩极限冲刷坑的影响较小,局部动床模型按推移质模型进行设计,主要按照泥沙起动相似条件进行模型沙的选择。

由研究区域底质分析可知,桥址附近表层为淤积、粉质黏土。根据2010年实测床沙资料,桥址附近浅滩区床沙中值粒径为0.006～0.0093 mm,对应位置水深为3～8 m,其起动流速按张瑞瑾公式计算结果为1.33～1.69 m/s,按窦国仁公式计算结果为1.30～1.65 m/s。从计算结果看,主流区天然沙的起动流速为1.33～1.69 m/s。考虑到本次局部动床模型试验的目的是研究大桥工程实施后,桥墩附近水域可能引起的冲刷问题,因此模型选沙应侧重于主流区并兼顾浅滩区。

按武汉水院起动流速计算公式,该天然沙在3～7 m水深条件下的起动流速为1.04～1.34 m/s,按照流速比尺,要求模型沙的起动流速为10.4～13.4 cm/s。按相同的公式计算,容重为1.22 t/m³、中值粒径为0.23 mm的塑料沙,在水深为3～7 cm时,起动流速为11.6～13.0 cm/s,基本可满足本次局部动床模型试验的要求。

局部动床范围在桥址位置上、下游距桥轴线约2.1 km。试验时动床范围内铺设容重为1.22 t/m³、中值粒径为0.23 mm的塑料沙,试验水文组合采用"2010.6"中洪水径潮组合(含大、中、小潮)+"2010.1"枯水径潮组合(含大、中、小潮)。

② 悬沙淤积模型

根据实测资料分析,桥址附近水体含沙属细颗粒黏性泥沙,悬移质泥沙中值粒径为0.008～0.02 mm,考虑到该细颗粒悬沙在黄茅海河口湾海水环境下发生絮凝沉降,采用张瑞瑾泥沙絮凝沉降公式 $w_f = 0.0974 D^{0.18}$,计算其絮凝沉降速度约为0.04 cm/s(刘家驹在计算高栏港区航道泥沙淤积时采用0.04 cm/s),反求絮凝团的当量粒径约为0.042 mm,因此,要求本次试验模型沙的中值粒径为0.068 mm(200～230目粒径),模型沙的起动流速为6.5 cm/s。

在天然的条件下,表层的泥沙处于絮团状态,泥沙絮团粒径 d' 与絮凝当量粒径 d 之间存在如下关系:

$$K\frac{\gamma'_s-\gamma}{\gamma}\cdot g\cdot\frac{d'^2}{\gamma}=K\frac{\gamma_s-\gamma}{\gamma}\cdot g\cdot\frac{d^2}{\gamma}=\omega$$

$$d'=\left(\frac{\gamma_s-\gamma}{\gamma'_s-\gamma}\right)^{0.5}\cdot d=2.04\cdot d \qquad (4.2\text{-}19)$$

式中:$\gamma_s=2.65 \text{ t/m}^3$,$\gamma'_s=1.40 \text{ t/m}^3$,$d'=2.04\times0.042 \text{ mm}$,$K$ 为斯托克斯公式常数,取 $1/18$,γ 代表水的容重。

经对塑料沙和木粉的起动流速与沉降流速对比,采用 200 目的木粉作为模型沙,其比重为 1.04 t/m^3,根据模型沙水槽起动试验可知,在 $1\sim7 \text{ cm}$ 水深下,该模型沙的起动流速为 $4.0\sim7.5 \text{ cm/s}$;根据模型沙量筒沉降试验可知,该模型沙的沉降流速约为 0.05 cm/s。模型沙基本满足起动流速与沉降流速要求。

经计算,本次试验悬移质含沙量比尺为 0.22,模型冲淤时间比尺为 676。

模型设计所得的各种比尺列于表 4.2-8。

表 4.2-8 模型比尺汇总表

项目	比尺名称	符号	取值
几何比尺	平面比尺	λ_l	700
	垂直比尺	λ_h	100
水流比尺	流速比尺	λ_v	10
	水流时间比尺	λ_{t_1}	70
	流量比尺	λ_Q	700 000
	潮量比尺	λ_W	49 000 000
	糙率比尺	λ_n	0.814
泥沙比尺	沉速比尺	λ_ω	1.43
	悬沙粒径比尺	λ_d	0.34
	含沙量比尺	λ_{s*}	0.22
	河床冲淤时间比尺	λ_{t_2}	676

(6) 控制及测试设备

模型控制系统采用珠江水利科学研究院研制的分布式工业控制系统,中央监控机主要存储模型试验的各种参数,发布命令,显示实时监控图表、过程曲线、历史试验数据,打印相关参数和报警等。其通过 RS232 串行通信线与现场机连接。现场机依据中央监控机的命令,自动完成数据采集和生潮设备的控制等任务。

模型的上边界通过量水堰控制径流流量,下边界生潮方式采用多口门变频器控制。采用变频调速器直接调节水泵提供给模型的供水量,系统根据给定的潮位控制曲线调控每个变频器的输出频率,从而满足边界分段潮位控制的需要。生潮控制系统示意见图 4.2-5。

模型潮位的测量采用珠江水利科学研究院研制的 GS-3B 光栅式跟踪水位仪,精度可达到 0.1 mm。流速的量测采用 LS-3C 光电流速仪。流场观测则采用多通道 PIV/PTV 物模流速场测速系统。生潮控制系统应用流体示踪粒子、高分辨率黑白摄像镜头和计算机图像识别技术,对流体表面流速场进行记录、处理和识别计算,具有测量同步、速度快、不受潮位变化的影响和高效的特点。该系统在珠江水利科学研究院近几年的实践中得到了成功的运用。

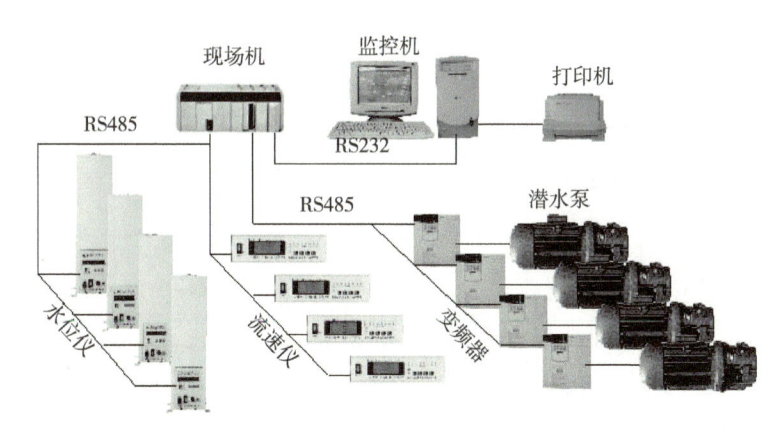

图 4.2-5　生潮控制系统结构示意图

(7) 模型加糙

根据实测资料及数模计算成果,原型糙率一般为 0.012~0.038,按糙率比尺计算,模型糙率应为 0.015~0.047。其中口门区以下糙率较小,一般为 0.019~0.03,通过梅花形加糙容易达到阻力相似。河网区局部河段大于 0.03,须采用特殊加糙方法。本模型采用小塑料块(约 2 cm×2 cm×2 cm)上增加一塑料棒形的梅花桩形式来增加河道糙率,当河道需要较大糙率时,通过调整塑料棒的长度及小塑料块的密度,来满足不同河道的糙率要求。

4.2.2.2 水流运动相似性验证

(1) 验证水文条件的选择

"珠江河口整体物理模型"是已经过验证、并正常使用的模型。模型验证试验按如下原则选取水文组合:①尽量采用新近的水文资料;②径、潮流组合应包括洪、中、枯水期的特征潮型。

模型验证试验采用水文组合有:"2005.6"洪水大潮、"2010.1"中水大潮、"2010.6"枯水大潮。其中"2005.6"组合为特大洪水组合,是研究珠江河口整治规划中防洪问题的代表潮型;"2010.1""2010.6"组合是黄茅海河口水域大同步测量的成果,是该水域中水和枯水的典型水文组合。各组合水文条件见表4.2-9。

表4.2-9 验证径潮组合水文条件统计表

径潮组合		马口流量 (m^3/s)	石咀流量 (m^3/s)	荷包岛潮位(m)		高栏港潮位(m)	
编号	类型			高高潮位	低低潮位	高高潮位	低低潮位
"2005.6" (2005年6月24日 12时至 6月25日12时)	洪水大潮	52 100	1 444	—	—	—	—
"2010.6" (2010年6月27日 9时至6月28日9时)	中水大潮	26 500	0	—	—	1.09	−1.37
"2010.1" (2010年1月 1日20时 至1月2日20时)	枯水大潮	2 500	0	1.49	−1.48	1.53	−1.40

(2) 验证测点的布设

根据试验目的和现有实测资料设定的各水文组合模型验证试验测点位置见图4.2-6。

(3) 验证成果分析

为使模型水流运动与原型水流运动相似,需要在模型上反复调整潮汐控制曲线,并采用水中加糙和底部加糙的方法调整模型糙率,使模型模拟范围内各潮位站的潮位过程、各流速测点的流速过程线及流态与原型相似。

①潮位验证

模型通过多次反复调整糙率及生潮控制曲线,使模型潮位与实测相一

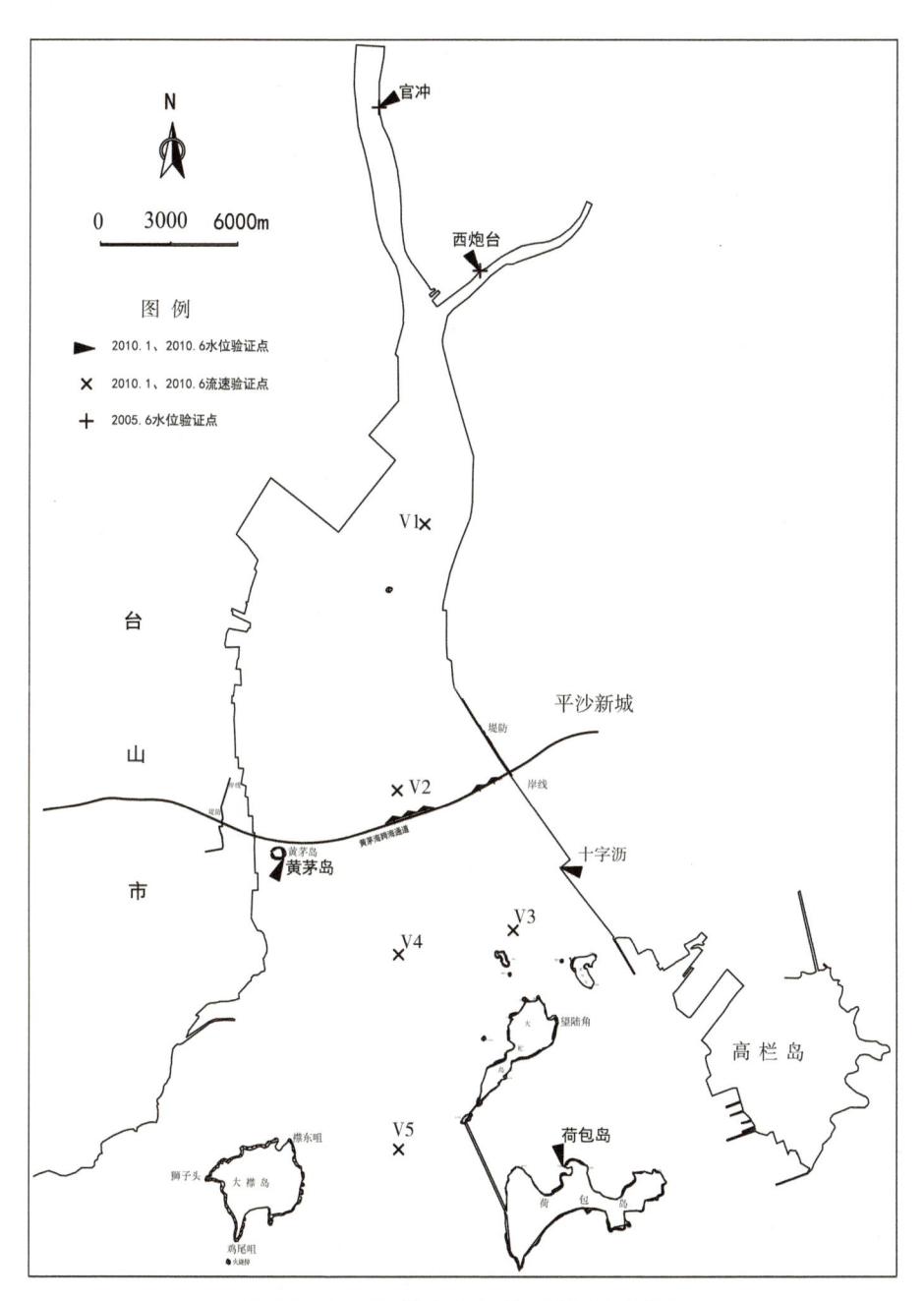

图 4.2-6　物理模型水位、流速验证测点布置

致,验证结果分述如下。

原型与模型高、低潮位特征值对比见表4.2-10(a)至表4.2-10(c)。从诸表中可以看出,潮位过程线吻合情况较好,相位偏差一般在0.5 h以内,高、低潮位误差一般在±0.05 m以内,最大误差一般在±0.10 m以内,符合技术规程的规定,满足潮位相似的要求。

表4.2-10(a)　"2005.6"洪水组合潮位特征值验证成果统计表

水位测站	高高潮位(m)			低低潮位(m)		
	原型	模型	差值	原型	模型	差值
官冲	1.54	1.50	−0.04	−0.69	−0.66	0.03
西炮台	1.67	1.60	−0.07	−0.39	−0.39	0.00

表4.2-10(b)　"2010.6"中水组合潮位特征值验证成果统计表

水位测站	高高潮位(m)			低低潮位(m)		
	原型	模型	差值	原型	模型	差值
官冲	1.35	1.33	−0.02	−0.89	−0.97	−0.08
西炮台	1.54	1.44	−0.10	−0.89	−0.98	−0.09
黄茅岛	1.29	1.28	−0.01	−1.36	−1.39	−0.03
十字沥	1.28	1.27	−0.01	−1.39	−1.40	−0.01
荷包岛	1.10	1.15	0.05	−1.37	−1.36	0.01

表4.2-10(c)　"2010.1"枯水组合潮位特征值验证成果统计表

水位测站	高高潮位(m)			低低潮位(m)		
	原型	模型	差值	原型	模型	差值
官冲	1.43	1.52	0.09	−1.23	−1.19	0.04
西炮台	1.56	1.51	−0.05	−1.19	−1.20	−0.01
黄茅岛	1.50	1.50	0.00	−1.38	−1.40	−0.02
十字沥	1.47	1.49	0.02	−1.44	−1.44	0.00
荷包岛	1.53	1.45	−0.08	−1.40	−1.48	−0.08

②流速、流向验证

流速过程验证特征值统计于表4.2-11(a)至表4.2-11(b)。模型流速过程与原型基本一致,相位偏差一般在1.0 h以内。涨、落潮流速特征值偏差一般在0.10 m/s以内,涨、落潮流向偏差一般小于10°,个别测点的几个时刻的流向偏差稍大。总体而言,流速、流向验证结果基本满足精度要求。

通过流速过程验证,可认为模型的流速与原型基本相似,满足动力相似的要求。

表 4.2-11(a) "2010.6"中水组合流速特征值验证成果统计表

编号	落潮最大流速(m/s)			涨潮最大流速(m/s)		
	原型	模型	差值	原型	模型	差值
V1	0.90	0.89	−0.01	−0.72	−0.70	0.02
V2	1.21	1.12	−0.09	−0.56	−0.51	0.05
V4	1.06	0.98	−0.08	−0.57	−0.62	−0.05
V5	0.70	0.72	0.02	−0.49	−0.53	−0.04

表 4.2-11(b) "2010.1"枯水组合流速特征值验证成果统计表

编号	落潮最大流速(m/s)			涨潮最大流速(m/s)		
	原型	模型	差值	原型	模型	差值
V1	0.79	0.83	0.04	−0.64	−0.70	−0.06
V2	1.08	0.98	−0.10	−0.79	−0.74	0.05
V3	1.24	1.16	−0.08	−0.74	−0.79	−0.05
V4	0.93	0.88	−0.05	−0.72	−0.74	−0.02
V5	0.88	0.95	0.07	−0.74	−0.66	0.07

综上所述,模型验证误差基本上在技术规程要求范围之内,满足潮位、流速、流向等方面的相似要求,可以认为模型水流运动达到了与原型相似,可进行水流模拟试验。

4.2.2.3 泥沙运动相似性验证

(1) 验证水文条件的选择

泥沙验证试验按如下原则选取水文组合:①尽量采用新近的水文资料;②径、潮流组合应包括大、中、小潮。模型验证试验采用 2019 年春季施测水文组合,选取具有代表性的大、中、小潮进行延长循环。

(2) 泥沙淤积验证资料的选取

泥沙淤积验证资料选取滩槽演变分析成果和崖门出海航道淤积观测成果。选取黄茅海水域东滩、西滩多年遥感影像资料分析成果以及 2010—2019 年黄茅海冲淤速率分布[图 3.2-4(d)]作为滩面淤积验证数据,西滩平均淤积强度为 0.03~0.10 m/a,东滩为 0.00~0.05 m/a。

2006 年 11 月崖门 5 000 t 级出海航道疏浚工程完工,航道全长约 41 km,通航宽度 90 m,备淤水深 0.5 m。5 000 t 级航道从完工至今分别于 2007 年

11月—2008年3月、2010年1月—8月、2011年12月—2013年9月30日三个时段进行了维护疏浚。

根据施测航道地形图分析航道回淤特性,航道里程分布见图4.2-7,淤积统计见表4.2-12。表中数据表明,从2006年航道疏浚完工至2014年9月,期间观测不同时段回淤情况,分析平均回淤强度约为1.00 m/a。

表4.2-12 崖门出海航道主航道淤积情况统计表

航道淤积时间	航段	淤积量(万 m³)	时长(月)	淤强(m/a)
2006.11—2007.10	0+000—26+000	192.3	11	0.82
2008.4—2009.1	0+000—26+000	278.9	10	1.31
2009.1—2010.1	0+000—26+000	208.1	12	0.82
2013.9—2014.9	全航道	399.0	12	0.99
平均淤强(物理模型验证采用值)				1.00

(3)泥沙试验布置

水流边界控制:水流边界控制与水流验证相同。

加沙断面布置:上游加沙断面布置在崖门、虎跳门汇合延伸段,河口扩宽水域;下游加沙断面布置在大洲咀-大杧岛-三角山岛一线。涨潮时,下游断面加沙;落潮时,上游断面加沙。通过自动加沙系统,在系统指定时刻进行开始、停止加沙控制。物理模型加沙断面见图4.2-8(a)至图4.2-8(c)。

大浪模拟:在大襟岛-荷包岛-高栏岛外围布置造波机,造波系统位于−20 m等高线以深水域。外海造波机示意图见图4.2-8(d)。

(4)泥沙验证测点布设

泥沙验证点分布在工程周边滩槽,东滩、西滩分别布置3个验证点,航道改线段分为HD1、HD2、HD3三段进行收沙验证,泥沙验证测点分布见图4.2-9。

(5)泥沙验证成果

物理模型泥沙试验验证成果见图4.2-10、表4.2-13。

验证结果显示,航道上游段淤积略小,下游大,平均淤强与实测平均淤积强度相同,航道总淤积量小0.6万 m³;东、西滩总体淤积较航道小很多,东滩平均淤强0.01 m/a,西滩平均淤强0.03 m/a,与近十年遥感资料分析成果相近。

从上述验证结果看,航道平均淤积强度与原型相近,总淤积量小1%,局部淤强分布有差别;东、西滩淤强与原型基本相同。模型淤积验证成果符合技术规程的精度要求,可以用于工程方案的泥沙淤积试验研究。

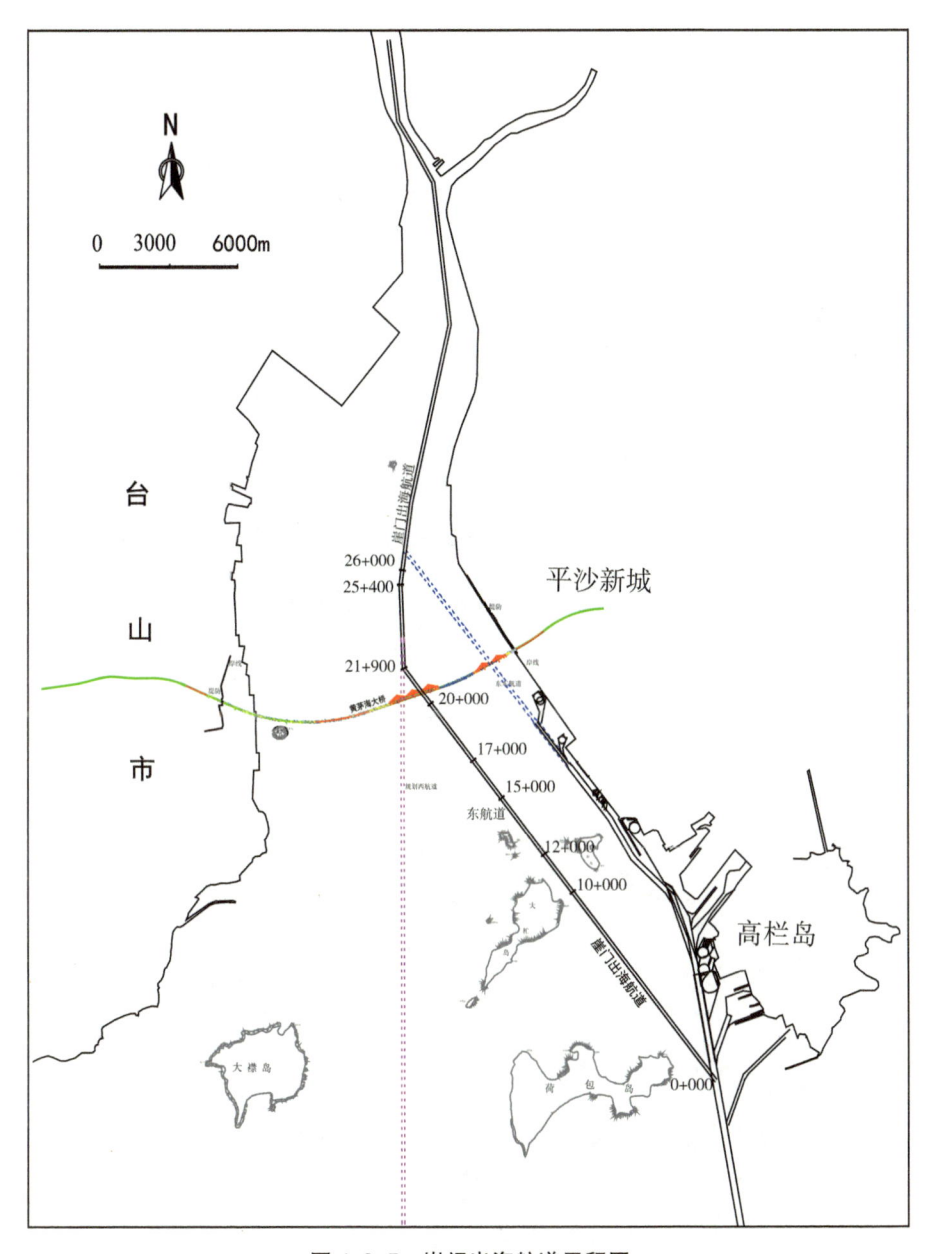

图 4.2-7 崖门出海航道里程图

图 4.2-8(a)　物理模型自动加沙

图 4.2-8(b)　物理模型上游加沙断面

图 4.2-8(c) 物理模型下游加沙断面

图 4.2-8(d) 外海造波机

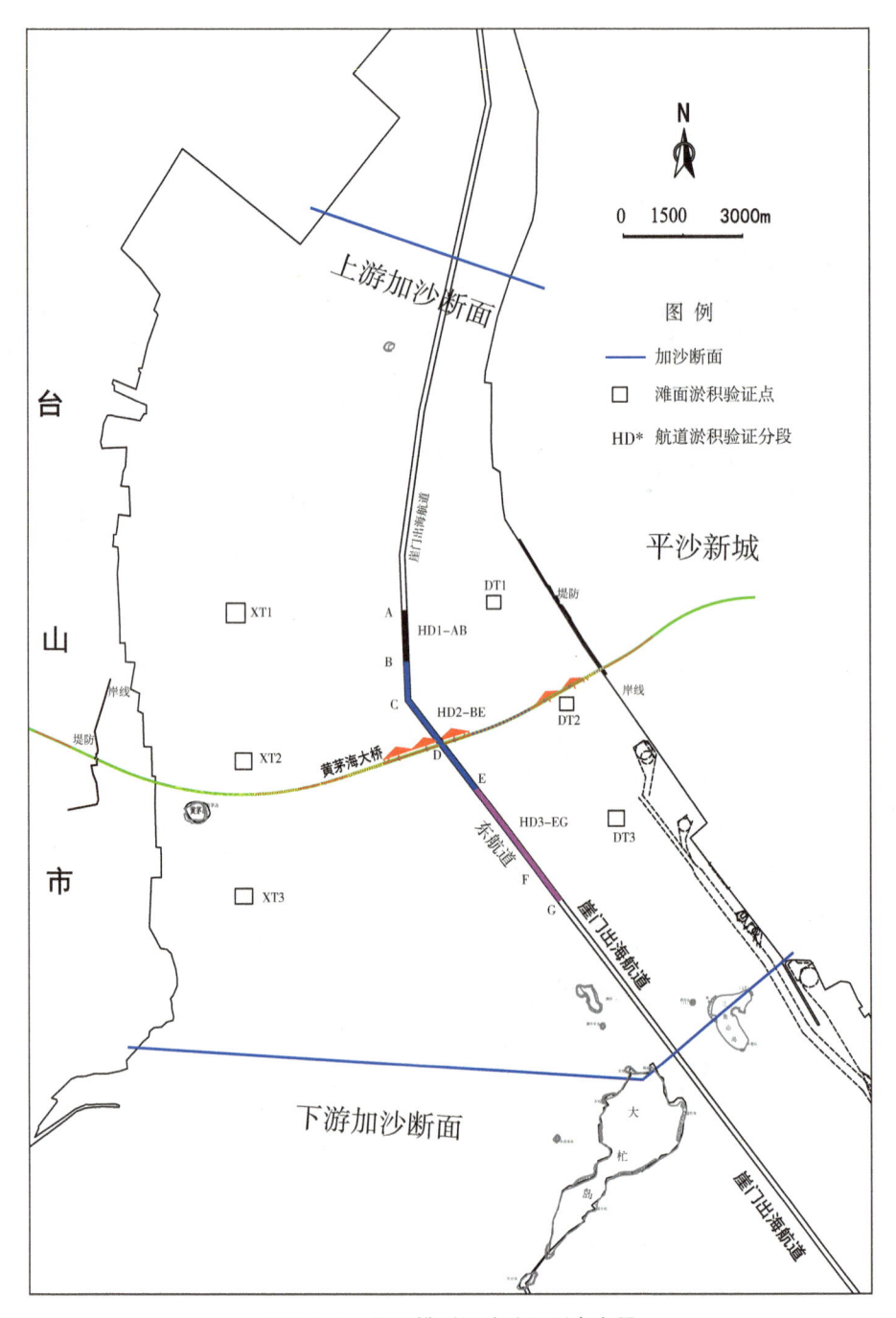

图 4.2-9 物理模型泥沙验证测点布置

表 4.2-13 泥沙淤积验证成果

位置		原型值	模型值	误差	平均值
崖门出海航道	HD1 淤强(m/a)	1.00	0.88	−0.12	1.00
	HD2 淤强(m/a)		1.02	0.02	
	HD3 淤强(m/a)		1.09	0.09	
	航道总淤积量(万 m³)	60	59.4	−0.6	—
东滩	DT1 淤强(m/a)	0.01	0.01	0.00	0.01
	DT2 淤强(m/a)	0.01	0.01	0.00	
	DT3 淤强(m/a)	0.02	0.01	−0.01	
西滩	XT1 淤强(m/a)	0.03	0.03	0.00	0.03
	XT2 淤强(m/a)	0.04	0.03	−0.01	
	XT3 淤强(m/a)	0.02	0.03	0.01	

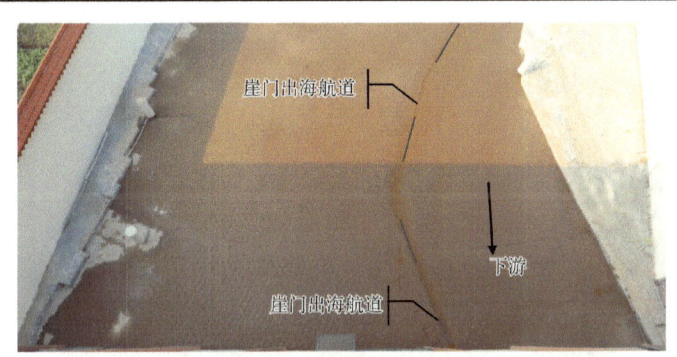

图 4.2-10(a) 崖门出海航道上游段泥沙淤积形态验证

图 4.2-10(b) 崖门出海航道下游段泥沙淤积形态验证

4.3 计算条件

4.3.1 计算水文条件

洪水组合:"2005.6"洪水。
中水组合:"2010.6"洪季中水。
枯水组合:"2010.1"枯水。
风暴潮组合(数学模型):"0814",2008年第14号强台风"黑格比"。

4.3.2 计算工况

工程前:施工前地形及岸线边界;
工程后:黄茅海跨海通道工程实施后边界。

4.4 西滩潮位影响分析

为了统计工程建设对潮位的影响,数学模型布设了20个潮位采样点,如图4.4-1所示,计算结果见表4.4-1至表4.4-4;物理模型布设了8个潮位观测点,如图4.4-2所示,上游口门布置的两个测点为官冲、西炮台,桥址断面近东岸布置的3个潮位测站为三虎、三前水闸、十字沥,西岸布置的2个潮位测站为屈头山、黄茅岛,工程下游黄茅海湾口布置荷包岛测站,试验结果见表4.4-5至表4.4-7。

从计算结果来看,黄茅海跨海通道实施后,各水文组合下潮位变化规律基本一致,潮位变化总体规律为:低潮位变化幅度大于高潮位;工程上游高高潮位降低、低低潮位抬高、潮差减小,越往上游潮位变化越小,工程沿线西侧潮位变幅略大于东侧,工程上游100 m处低潮位抬升0.021~0.039 m,上游口门官冲及虎跳门潮位变幅分别在0.015 m、0.010 m以内,而工程下游黄茅海出海口潮位变幅较小。

4 防洪评价计算

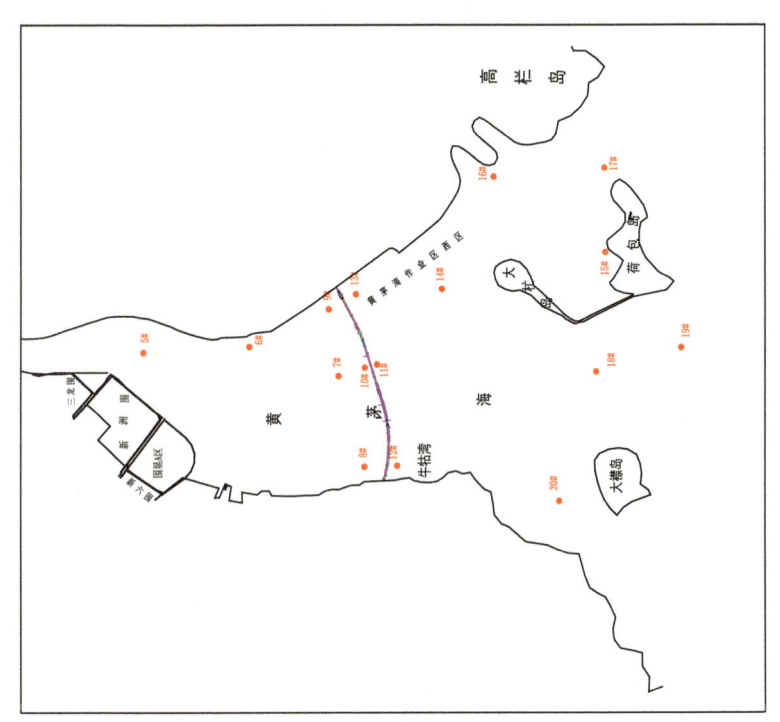

图 4.4-1 数学模型潮位测点分布图

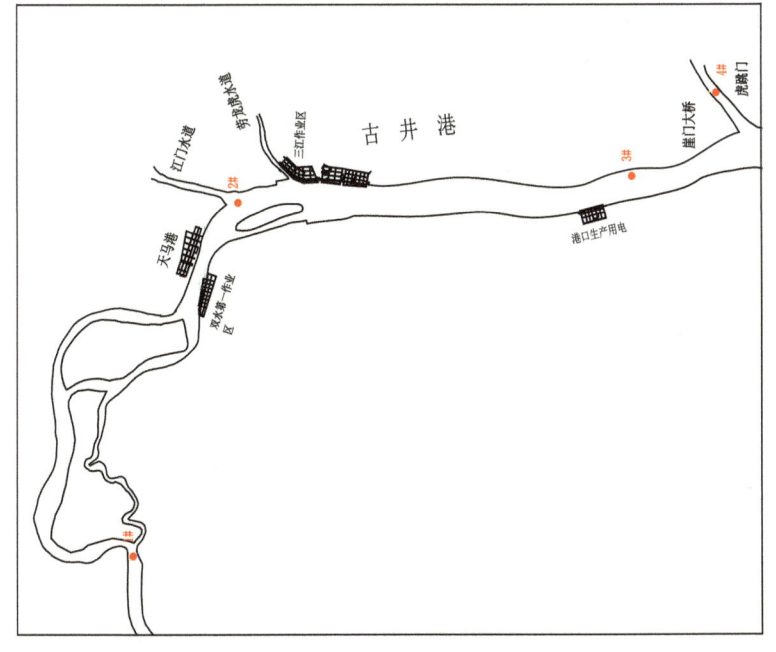

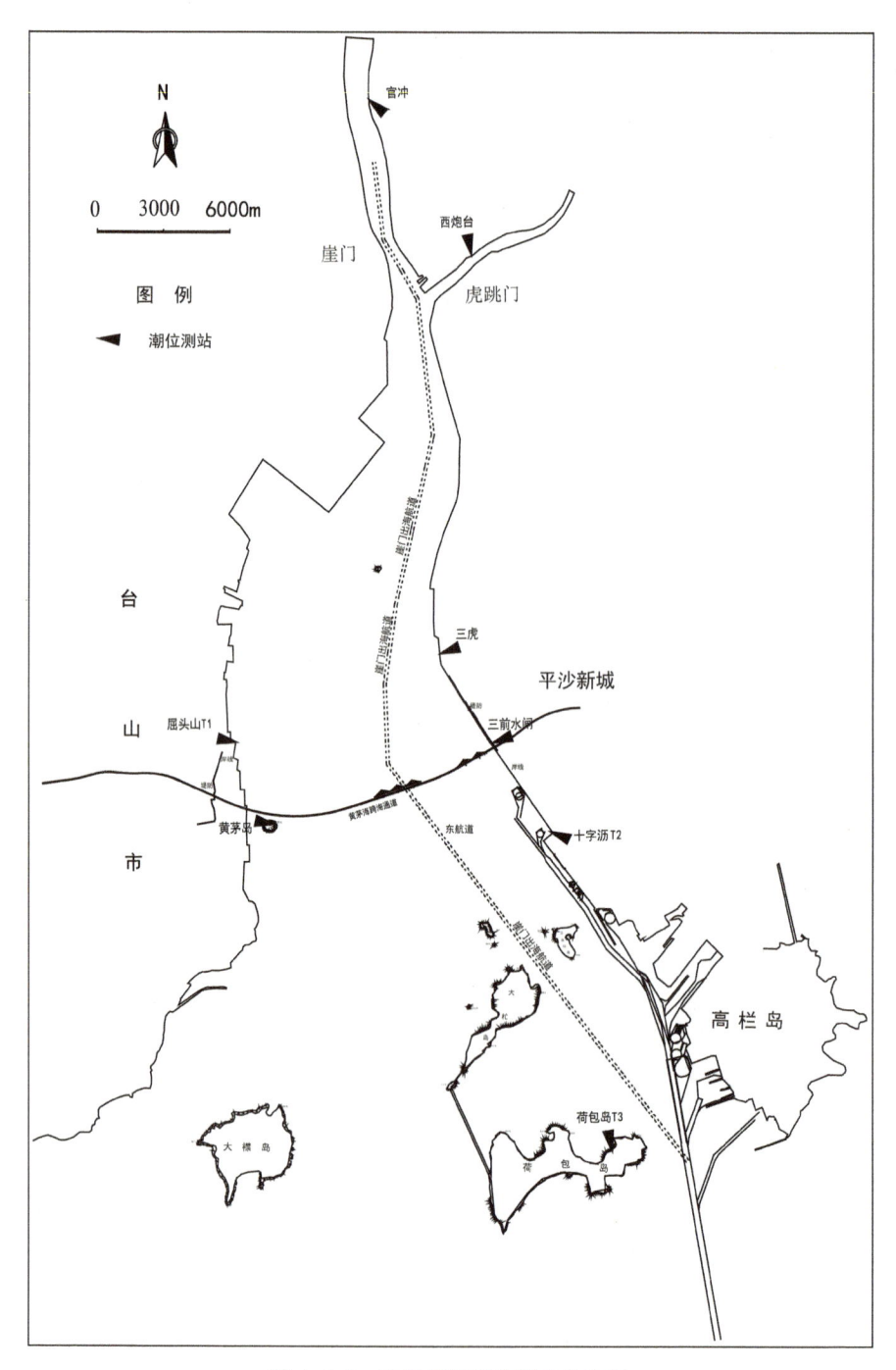

图 4.4-2 物理模型潮位测点分布图

表 4.4-1 "2005.6"洪水组合各测点特征潮位变化数模成果表　　　　单位:m

点序号	测点位置	高高潮位 工程前	高高潮位 工程后	水位差	低低潮位 工程前	低低潮位 工程后	水位差
1#	石咀	3.220	3.219	−0.001	2.151	2.151	0.000
2#	三江口	2.407	2.407	0.000	0.031	0.036	0.005
3#	官冲	1.893	1.891	−0.002	−0.743	−0.728	0.015
4#	西炮台	1.841	1.838	−0.003	−0.633	−0.627	0.006
5#	工程上游 12.5 km	1.701	1.698	−0.003	−1.153	−1.145	0.008
6#	虎山	1.630	1.627	−0.003	−1.389	−1.367	0.022
7#	工程上游 1.3 km	1.599	1.594	−0.005	−1.448	−1.415	0.033
8#	西岸上游 1 km	1.601	1.594	−0.007	−1.466	−1.436	0.030
9#	东岸上游 1 km	1.598	1.592	−0.006	−1.449	−1.421	0.028
10#	工程上游 100 m	1.589	1.580	−0.009	−1.484	−1.445	0.039
11#	工程下游 100 m	1.584	1.583	−0.001	−1.512	−1.505	0.007
12#	黄茅岛	1.580	1.578	−0.002	−1.542	−1.540	0.002
13#	工程下游 1 km	1.587	1.587	0.000	−1.529	−1.528	0.001
14#	工程下游 5 km	1.534	1.533	−0.001	−1.614	−1.612	0.002
15#	荷包岛	1.435	1.435	0.000	−1.575	−1.573	0.002
16#	高栏港	1.439	1.439	0.000	−1.567	−1.566	0.001
17#	东槽出口	1.387	1.386	−0.001	−1.515	−1.515	0.000
18#	中口深槽	1.441	1.438	−0.003	−1.614	−1.613	0.001
19#	中口深槽出口	1.401	1.401	0.000	−1.582	−1.582	0.000
20#	大襟岛西侧	1.479	1.479	0.000	−1.658	−1.658	0.000

表 4.4-2 "2010.6"中水组合各测点特征潮位变化数模成果表　　　　单位:m

点序号	测点位置	高高潮位 工程前	高高潮位 工程后	水位差	低低潮位 工程前	低低潮位 工程后	水位差
1#	石咀	1.777	1.775	−0.002	−1.580	−1.580	0.000
2#	三江口	1.570	1.568	−0.002	−1.533	−1.530	0.003
3#	官冲	1.413	1.408	−0.005	−1.451	−1.446	0.005
4#	西炮台	1.414	1.409	−0.005	−1.409	−1.405	0.004
5#	工程上游 12.5 km	1.357	1.351	−0.006	−1.401	−1.392	0.009
6#	虎山	1.335	1.329	−0.006	−1.406	−1.394	0.012

续表

点序号	测点位置	高高潮位 工程前	高高潮位 工程后	水位差	低低潮位 工程前	低低潮位 工程后	水位差
7#	工程上游1.3 km	1.309	1.301	−0.008	−1.384	−1.364	0.020
8#	西岸上游1 km	1.300	1.288	−0.012	−1.391	−1.374	0.017
9#	东岸上游1 km	1.315	1.307	−0.008	−1.384	−1.367	0.017
10#	工程上游100 m	1.302	1.292	−0.010	−1.384	−1.360	0.024
11#	工程下游100 m	1.298	1.297	−0.001	−1.386	−1.379	0.007
12#	黄茅岛	1.283	1.281	−0.002	−1.384	−1.381	0.003
13#	工程下游1 km	1.307	1.306	−0.001	−1.386	−1.383	0.003
14#	工程下游5 km	1.264	1.263	−0.001	−1.387	−1.385	0.002
15#	荷包岛	1.175	1.174	−0.001	−1.363	−1.361	0.002
16#	高栏港	1.178	1.177	−0.001	−1.348	−1.347	0.001
17#	东槽出口	1.113	1.113	0.000	−1.293	−1.293	0.000
18#	中口深槽	1.180	1.179	−0.001	−1.370	−1.369	0.001
19#	中口深槽出口	1.143	1.143	0.000	−1.337	−1.337	0.000
20#	大襟岛西侧	1.214	1.214	0.000	−1.408	−1.407	0.001

表 4.4-3 "2010.1"枯水组合各测点特征潮位变化数模成果表　　单位：m

点序号	测点位置	高高潮位 工程前	高高潮位 工程后	水位差	低低潮位 工程前	低低潮位 工程后	水位差
1#	石咀	2.193	2.191	−0.002	−1.563	−1.561	0.002
2#	三江口	1.999	1.996	−0.003	−1.609	−1.605	0.004
3#	官冲	1.889	1.884	−0.005	−1.527	−1.521	0.006
4#	西炮台	1.864	1.860	−0.004	−1.531	−1.526	0.005
5#	工程上游12.5 km	1.799	1.792	−0.007	−1.447	−1.434	0.013
6#	虎山	1.797	1.790	−0.007	−1.500	−1.481	0.019
7#	工程上游1.3 km	1.787	1.778	−0.009	−1.452	−1.432	0.020
8#	西岸上游1 km	1.778	1.770	−0.008	−1.461	−1.440	0.021
9#	东岸上游1 km	1.793	1.784	−0.009	−1.447	−1.428	0.019
10#	工程上游100 m	1.780	1.769	−0.011	−1.463	−1.442	0.021
11#	工程下游100 m	1.776	1.775	−0.001	−1.477	−1.470	0.007
12#	黄茅岛	1.759	1.756	−0.003	−1.488	−1.486	0.002

续表

点序号	测点位置	高高潮位 工程前	高高潮位 工程后	水位差	低低潮位 工程前	低低潮位 工程后	水位差
13#	工程下游 1 km	1.787	1.786	−0.001	−1.485	−1.484	0.001
14#	工程下游 5 km	1.737	1.737	0.000	−1.520	−1.517	0.003
15#	荷包岛	1.641	1.641	0.000	−1.464	−1.462	0.002
16#	高栏港	1.648	1.647	−0.001	−1.442	−1.441	0.001
17#	东槽出口	1.575	1.575	0.000	−1.378	−1.378	0.000
18#	中口深槽	1.643	1.642	−0.001	−1.485	−1.484	0.001
19#	中口深槽出口	1.606	1.606	0.000	−1.445	−1.445	0.000
20#	大襟岛西侧	1.674	1.674	0.000	−1.531	−1.531	0.000

表 4.4-4 "0814"风暴潮组合各测点特征潮位变化数模成果表　　单位：m

点序号	测点位置	高高潮位 工程前	高高潮位 工程后	水位差	低低潮位 工程前	低低潮位 工程后	水位差
1#	石咀	2.660	2.660	0.000	−1.374	−1.374	0.000
2#	三江口	2.519	2.518	−0.001	−1.293	−1.291	0.002
3#	官冲	2.383	2.377	−0.006	−1.191	−1.185	0.006
4#	西炮台	2.401	2.396	−0.005	−1.186	−1.181	0.005
5#	工程上游 12.5 km	2.312	2.304	−0.008	−1.128	−1.114	0.014
6#	虎山	2.286	2.276	−0.010	−1.097	−1.078	0.019
7#	工程上游 1.3 km	2.272	2.261	−0.011	−1.076	−1.056	0.020
8#	西岸上游 1 km	2.269	2.259	−0.010	−1.079	−1.057	0.022
9#	东岸上游 1 km	2.273	2.262	−0.011	−1.077	−1.056	0.021
10#	工程上游 100 m	2.266	2.253	−0.013	−1.072	−1.049	0.023
11#	工程下游 100 m	2.263	2.261	−0.002	−1.071	−1.063	0.008
12#	黄茅岛	2.256	2.252	−0.004	−1.074	−1.072	0.002
13#	工程下游 1 km	2.267	2.265	−0.002	−1.069	−1.067	0.002
14#	工程下游 5 km	2.225	2.225	0.000	−1.085	−1.082	0.003
15#	荷包岛	2.152	2.152	0.000	−1.017	−1.014	0.003
16#	高栏港	2.167	2.166	−0.001	−0.997	−0.996	0.001
17#	东槽出口	2.109	2.109	0.000	−0.967	−0.967	0.000

续表

点序号	测点位置	高高潮位 工程前	高高潮位 工程后	水位差	低低潮位 工程前	低低潮位 工程后	水位差
18#	中口深槽	2.160	2.159	−0.001	−1.037	−1.036	0.001
19#	中口深槽出口	2.118	2.118	0.000	−1.048	−1.048	0.000
20#	大襟岛西侧	2.195	2.195	0.000	−1.038	−1.038	0.000

表 4.4-5　物理模型"2005.6"洪水大潮潮位变化值统计表

潮位测站	高高潮位(m)	低低潮位(m)	备注
官冲	0.00	0.01	崖门
西炮台	0.00	0.01	虎跳门
三虎	0.00	0.02	东岸:上游
三前水闸	−0.01	0.03	东岸:上游约590 m
十字沥 T2	0.00	0.00	东岸:下游
屈头山 T1	−0.01	0.02	西岸:上游
黄茅岛	0.00	0.00	西岸:下游
荷包岛 T3	0.00	0.00	外海

表 4.4-6　物理模型"2010.6"中水大潮潮位变化值统计表

潮位测站	高高潮位(m)	低低潮位(m)	备注
官冲	0.00	0.01	崖门
西炮台	0.00	0.01	虎跳门
三虎	0.00	0.01	东岸:上游
三前水闸	−0.01	0.02	东岸:上游约590 m
十字沥 T2	0.00	0.00	东岸:下游
屈头山 T1	−0.01	0.02	西岸:上游
黄茅岛	0.00	0.00	西岸:下游
荷包岛 T3	0.00	0.00	外海

表 4.4-7　物理模型"2010.1"枯水大潮潮位变化值统计表

潮位测站	高高潮位(m)	低低潮位(m)	备注
官冲	0.00	0.00	崖门

续表

潮位测站	高高潮位(m)	低低潮位(m)	备注
西炮台	0.00	0.00	虎跳门
三虎	0.00	0.01	东岸:上游
三前水闸	−0.01	0.02	东岸:上游约590 m
十字沥 T2	0.00	0.00	东岸:下游
屈头山 T1	−0.01	0.02	西岸:上游
黄茅岛	0.00	0.00	西岸:下游约300 m
荷包岛 T3	0.00	0.00	外海

4.4.1 洪水期潮位变化

"2005.6"洪水条件下,工程实施后桥址上游高高潮位降低、低低潮位升高,高高潮位降低幅度小于低低潮位升高幅度。总体上,工程对洪水水位的影响主要集中在工程上游,使得高高潮位降低0.000~0.010 m、低低潮位壅高0.000~0.039 m,并随着与工程距离的增加,潮位变幅不断减小;而对工程下游及黄茅海三个出海口附近水域潮位影响较小,潮位变幅微小。工程对不同区域潮位影响分述如下。

(1) 工程上游黄茅海水域

在"2005.6"洪水情况下,工程沿线西侧潮位变幅略大于东侧,工程上游100 m处高高潮位降低0.009 m、低低潮位升高0.039 m;工程上游590 m处的三前水闸高高潮位降低0.010 m、低低潮位升高0.030 m;工程上游1 km西侧低低潮位变化0.030 m、东侧变化0.028 m,西侧变幅略大于东侧。工程上游虎山站水域高高潮位降低0.003 m,低低潮位升高0.022 m;工程上游12.5 km处黄茅海湾顶附近水域高高潮位降低0.003 m,低低潮位升高0.008 m。

(2) 口门水域

在"2005.6"洪水情况下,上游25 km处虎跳门西炮台水文站附近水域高高潮位降低0.000~0.003 m,低低潮位升高0.000~0.006 m;官冲水位站水域高高潮位降低0.000~0.002 m,低低潮位升高0.000~0.015 m;至崖门水道三江口处,高高潮位变化微小,低低潮位升高0.000~0.005 m,至石咀水文站,潮位基本无变化。

(3) 工程下游黄茅海水域

在"2005.6"洪水情况下,工程下游黄茅海水域潮位变化较小,潮位变幅均在 0.003 m 以内,距离越远变化越小。

(4) 洪水期潮位变化影响分析

综上所述,在"2005.6"洪水情况下,工程实施后,工程上游高高潮位降低、低低潮位升高,虎跳门西炮台水文站附近水域高高潮位降低 0.000～0.003 m,低低潮位升高 0.000～0.006 m;官冲水位站水域高高潮位降低 0.000～0.002 m,低低潮位升高 0.000～0.015 m。黄茅海—崖门是珠江河口西侧的潮汐通道,潮流作用占优,工程桥墩的阻水效应使得上游高高潮位虽有所降低,但低潮位壅高值相对较大,不利于上游河道宣泄洪水和潮水,因此工程建设对上游洪水宣泄有一定的不利影响。

4.4.2 中水期潮位变化

"2010.6"中水条件下,潮位变化如表 4.4-2、表 4.4-6 所示。中水期潮位变化趋势同洪水组合一致,中水期高高潮位抬升幅度大于洪水期、低低潮位降低幅度小于洪水期。工程实施后工程上游高高潮位最大降低 0.012 m、低低潮位升高 0.024 m,官冲、西炮台水文站潮位变幅在 0.010 m 内;下游黄茅海湾口潮位几乎无变化。

(1) 工程上游黄茅海水域

在"2010.6"中水条件下,工程上游 100 m 处高高潮位降低 0.010 m、低低潮位升高 0.024 m;工程上游 590 m 处的三前水闸高高潮位降低 0.010 m、低低潮位升高 0.020 m;工程上游 1 km 处东西侧高高潮位降低 0.008～0.012 m、低低潮位升高 0.017～0.020 m,横向上潮差变化西、中侧略大于东侧,工程上游虎山站水域高高潮位降低 0.006 m,低低潮位升高 0.012 m;工程上游 12.5 km 处黄茅海湾顶附近水域高高潮位降低 0.006 m,低低潮位升高 0.009 m。

(2) 口门水域

在"2010.6"中水条件下,上游 25 km 处虎跳门西炮台水文站附近水域高高潮位降低 0.000～0.005 m,低低潮位升高 0.004～0.010 m;官冲水位站水域高高潮位降低 0.000～0.005 m,低低潮位升高 0.005～0.010 m;官冲水文站上游崖门水道三江口及石咀站潮位变化幅度小于 0.003 m。

(3) 工程下游黄茅海水域

在"2010.6"中水条件下,工程下游黄茅海水域潮位变化较小,潮位变幅均在 0.003 m 以内,距离越远变化越小。

(4) 中水期潮位变化影响分析

中水组合是珠江口排涝工程常遇典型潮型,口门附近中水期低水位抬高,对工程排涝能力会有所影响。在"2010.6"中水条件下,低低潮位壅高 0.000~0.024 m,低潮位抬升增加了工程上游两岸排涝工程的外江水位,造成排涝能力一定程度的降低。

4.4.3 枯水期潮位变化

"2010.1"枯水条件下,潮位变化成果见表 4.4-3(数模成果)、表 4.4-7(物模成果)。由于枯水期潮流作用较强,工程上游的黄茅海水域高高潮位变化幅度略大于洪水和中水组合,低低潮位变化幅度略小于洪水和中水组合。工程实施后工程上游高高潮位最大降低 0.011 m、低低潮位最大升高 0.021 m,官冲、西炮台水文站潮位变幅在 0.004~0.010 m;下游黄茅海湾口潮位几乎无变化。

(1) 工程上游黄茅海水域

在"2010.1"枯水条件下,工程上游 100 m 处高高潮位降低 0.011 m、低低潮位升高 0.021 m;工程上游 590 m 处的三前水闸高高潮位降低 0.010 m、低低潮位升高 0.020 m;工程上游 1 km 处高高潮位降低 0.008~0.009 m,低低潮位升高 0.019~0.021 m,横向上东西潮差变幅相差不大;工程上游虎山站水域高高潮位降低 0.007 m,低低潮位升高 0.019 m;工程上游 12.5 km 处黄茅海湾顶附近水域高高潮位降低 0.007 m,低低潮位升高 0.013 m。

(2) 口门水域

在"2010.1"枯水条件下,上游 25 km 处虎跳门西炮台水文站附近水域高高潮位降低 0.004 m,低低潮位升高 0.005 m;官冲水位站水域高高潮位降低 0.005 m,低低潮位升高 0.006 m;官冲水文站上游三江口及石咀站潮位变化幅度小于 0.004 m。

(3) 工程下游黄茅海水域

在"2010.1"枯水条件下,工程下游黄茅海水域潮位变化较小,潮位变幅均在 0.003 m 以内,距离越远变化越小。

(4) 枯水期潮位变化影响分析

珠江河口枯水期水体盐度大，对农田引水灌溉意义不大，主要用于引水改善河涌水质及水环境，枯水期高潮位降低对引水不利，低潮位抬高对退水不利。工程建设后，潮位变化较大区域集中在桥址至湾口弧顶水域，各测点高高潮位降低 0.007～0.011 m，低低潮位壅高 0.013～0.021 m，工程对上游口门区潮位影响较小。

4.4.4 风暴潮潮位变化

"0814"风暴潮水文条件下，工程实施后桥址上游高高潮位降低、低低潮位升高，高高潮位降低幅度小于低低潮位升高幅度。总体上，工程对风暴潮水位的影响主要集中在工程上游，使得高高潮位降低 0.000～0.013 m、低低潮位壅高 0.000～0.023 m，并随与工程距离的增加，潮位变幅不断减小；而工程对下游及黄茅海三个出海口附近水域潮位影响较小，潮位变幅较小。工程对不同区域潮位影响分述如下。

(1) 工程上游黄茅海水域

在"0814"风暴潮水文条件下，工程沿线西侧潮位变幅略大于东侧，工程上游 100 m 处高高潮位降低 0.013 m，低低潮位升高 0.023 m；工程上游 1 km 西侧高高潮位降低 0.010 m、低低潮位升高 0.022 m，东侧高高潮位降低 0.011 m、低低潮位升高 0.021 m；工程上游 4.6 km 虎山站水域高高潮位降低 0.010 m，低低潮位升高 0.019 m；工程上游 12.5 km 处黄茅海湾顶附近水域高高潮位降低 0.008 m，低低潮位升高 0.014 m。

(2) 口门水域

在"0814"风暴潮水文条件下，上游 25 km 处虎跳门西炮台水文站附近水域高高潮位降低 0.005 m，低低潮位升高 0.005 m；官冲水位站水域高高潮位降低 0.006 m，低低潮位升高 0.006 m；至崖门水道三江口处，高高潮位变化微小，低低潮位升高 0.002 m，至石咀水文站，潮位基本无变化。

(3) 工程下游黄茅海水域

在"0814"风暴潮水文条件下，工程下游黄茅海水域潮位变化较小，潮位变幅均在 0.003 m 以内，距离越远变化越小。

(4) 风暴潮潮位变化影响分析

综上所述，在"0814"风暴潮水文条件下，工程实施后，工程上游高高潮位降低、低低潮位升高，虎跳门西炮台水文站附近水域高高潮位降低 0.005 m；

官冲水位站水域高高潮位降低0.006 m。风暴潮条件下工程桥墩的阻水效应使得上游高潮位有所降低,一定程度上有利于上游堤防的防潮安全,但低潮位壅高值相对较大,不利于上游河道宣泄洪水和潮水。

4.5 潮汐动力影响计算与分析

黄茅海跨海通道工程实施后,黄茅海附近水域潮差呈减小变化,潮量有所减少,潮汐动力呈现减弱趋势,影响范围主要在工程上游黄茅海水域,与潮位影响范围一致。本研究分别从工程建设引起的潮差变化、主要断面潮量变化来分析工程实施对近期潮汐动力的影响。

4.5.1 潮差变化分析

洪、中、枯不同水文条件下,工程实施引起的近期潮差变化成果见表4.5-1,由表可知,本工程实施后,受工程阻水影响,各水文条件下,工程上下游水域均表现出潮差减小、潮汐动力减弱的变化趋势,具体分析如下。

(1) "2005.6"洪水

在"2005.6"洪水条件下,工程上游100 m处潮差减小0.048 m,工程上游虎山站附近水域潮差减小0.025 m,工程上游12.5 km处黄茅海湾顶附近水域潮差减小0.011 m,崖门水道官冲附近水域潮差减小0.017 m。工程下游的潮差变化幅度相对较小,变幅在0.008 m以内。

(2) "2010.6"中水

"2010.6"中水条件下的潮差变化总体上小于"2005.6"洪水。在"2010.6"中水条件下,工程上游100 m处潮差减小0.034 m,工程上游虎山站附近水域潮差减小0.018 m,工程上游12.5 km处黄茅海湾顶附近水域潮差减小0.014 m,崖门水道官冲附近水域潮差减小0.011 m,虎跳门西炮台附近水域潮差减小0.010 m。工程下游的潮差变化幅度相对较小,变幅在0.008 m以内。

(3) "2010.1"枯水

"2010.1"枯水条件下的潮差变化相对较大。在"2010.1"枯水条件下,工程上游100 m处潮差减小0.032 m,工程上游虎山站附近水域潮差减小0.026 m,工程上游12.5 km处黄茅海湾顶附近水域潮差减小0.020 m,崖门水道官冲附近水域潮差减小0.011 m,虎跳门西炮台附近水域潮差减小0.009 m。工程下游的潮差变化幅度相对较小,变幅在0.008 m以内。

(4)"0814"风暴潮

在"0814"风暴潮水文条件下,工程上游100 m处潮差减小0.037 m,工程上游4.6 km虎山站附近水域潮差减小0.029 m,工程上游12.5 km处黄茅海湾顶附近水域潮差减小0.023 m,崖门水道官冲附近水域潮差减小0.013 m,虎跳门西炮台附近水域潮差减小0.010 m。工程下游的潮差变化幅度相对较小,变幅在0.009 m以内。

表4.5-1 各计算组合各测点潮差变化数模成果表　　　单位:m

点序号	测点位置	"2010.1"枯水	"2010.6"中水	"2005.6"洪水	"0814"风暴潮
1#	石咀	−0.004	−0.002	0.000	−0.000
2#	三江口	−0.007	−0.005	−0.004	−0.003
3#	官冲	−0.011	−0.011	−0.017	−0.013
4#	西炮台	−0.009	−0.010	−0.010	−0.010
5#	工程上游12.5 km	−0.020	−0.014	−0.011	−0.023
6#	虎山	−0.026	−0.018	−0.025	−0.029
7#	工程上游1.3 km	−0.029	−0.028	−0.038	−0.031
8#	西岸上游1 km	−0.029	−0.027	−0.037	−0.032
9#	东岸上游1 km	−0.028	−0.025	−0.034	−0.032
10#	工程上游100 m	−0.032	−0.034	−0.048	−0.037
11#	工程下游100 m	−0.008	−0.008	−0.008	−0.008
12#	黄茅岛	−0.005	−0.005	−0.004	−0.006
13#	工程下游1 km	−0.003	−0.005	−0.001	−0.004
14#	工程下游5 km	−0.003	−0.003	−0.003	−0.003
15#	荷包岛	−0.002	−0.003	−0.002	−0.002
16#	高栏港	−0.002	−0.002	−0.001	−0.002
17#	东槽出口	0.000	0.000	0.000	0.000
18#	中口深槽	−0.002	−0.002	−0.004	−0.002
19#	中口深槽出口	0.000	0.000	0.000	−0.000
20#	大襟岛西侧	0.000	−0.001	0.000	−0.000

4.5.2 潮量影响分析

黄茅海跨海通道工程实施后,黄茅海附近水域潮差呈减小变化,潮量有所减少,潮汐动力呈现减弱趋势。为分析洪水典型水文条件下的净泄量和枯水典型水文条件下涨潮量变化情况,分别在工程位置及上下游、上游崖门水道及虎跳门水道、工程下游口门东槽、中口深槽以及大襟岛西侧设置采样断面,断面位置及变化值见图 4.5-1,潮量变化见表 4.5-2 至表 4.5-3。

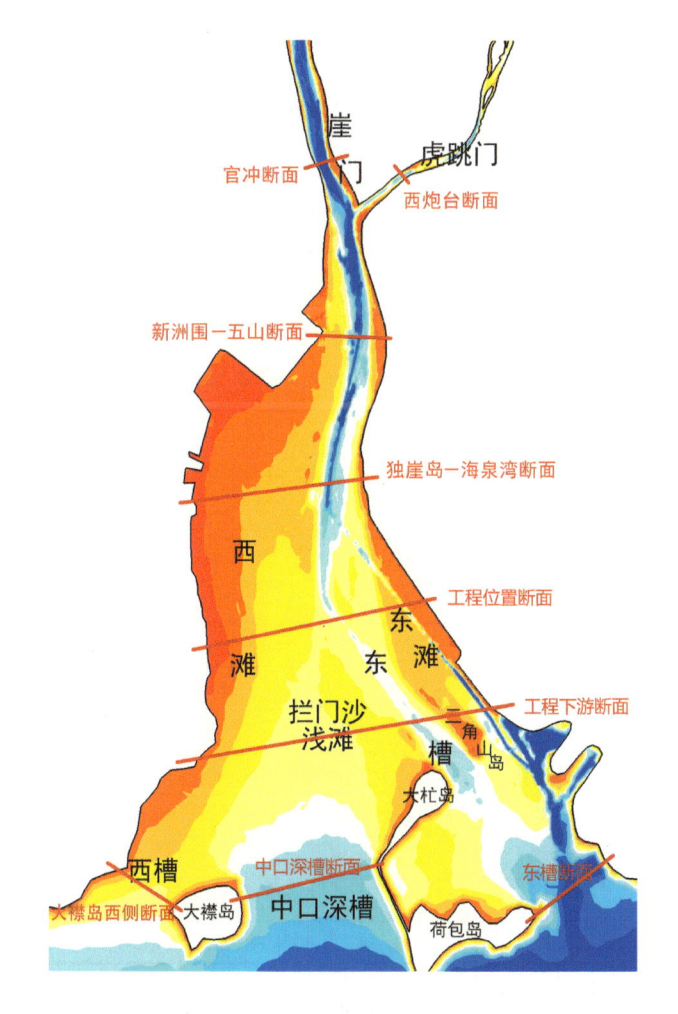

图 4.5-1 潮量断面布置图

表 4.5-2　"2010.6"中水组合各断面潮量变化　　　单位:m³

断面位置	涨潮量 工程前	变化值	变幅	落潮量 工程前	变化值	变幅
工程位置断面	134 842.7	-565.1	-0.42%	144 406.4	-512.5	-0.36%
工程下游断面	162 251.7	-626.3	-0.39%	175 436.5	-564.2	-0.32%
东槽断面	77 171.9	-256.7	-0.33%	94 155.2	-216.7	-0.23%
中口深槽断面	148 055.0	-478.4	-0.32%	155 923.2	-538.2	-0.35%
大襟岛西侧断面	11 482.6	-73.3	-0.64%	19 694.9	-66.0	-0.34%
独崖岛—海泉湾断面	112 285.6	-427.3	-0.38%	123 459.2	-407.5	-0.33%
新洲围—五山断面	56 031.1	-222.5	-0.40%	66 531.5	-237.1	-0.36%
官冲断面	46 487.9	-151.6	-0.33%	46 760.9	-160.8	-0.34%
西炮台断面	530.2	1.7	0.32%	8 792.7	25.8	0.29%
鸡啼门断面	1 105.9	-0.2	-0.02%	14 396.1	-0.8	-0.01%
磨刀门断面	0.0	0.0	0.00%	165 967.1	2.6	0.00%

注:鸡啼门、磨刀门断面未在图 4.5-1 标出。

表 4.5-3　"2010.1"枯水组合各断面潮量变化　　　单位:m³

断面位置	涨潮量 工程前	差值	变幅	落潮量 工程前	差值	变幅
工程位置断面	172 386.0	-660.3	-0.38%	173 142.3	-679.4	-0.39%
工程下游断面	204 599.5	-846.9	-0.41%	211 498.4	-871.2	-0.41%
东槽断面	94 195.1	-366.7	-0.39%	122 694.2	-363.5	-0.30%
中口深槽断面	188 877.9	-594.3	-0.31%	196 758.4	-673.8	-0.34%
大襟岛西侧断面	13 212.3	-99.5	-0.75%	27 148.5	-70.1	-0.26%
独崖岛—海泉湾断面	144 673.2	-600.7	-0.42%	147 132.5	-649.4	-0.44%
新洲围—五山断面	73 851.7	-187.6	-0.25%	71 888.1	-250.9	-0.35%
官冲断面	57 046.5	-181.7	-0.32%	53 146.7	-250.8	-0.47%
西炮台断面	4 400.3	-35.5	-0.81%	3 843.3	-10.2	-0.27%
鸡啼门断面	8 356.6	0.4	0.00%	10 191.5	-2.3	-0.02%
磨刀门断面	0.0	0.0	0.00%	62 330.3	-9.7	-0.02%

典型枯水大潮水文条件下,各断面涨潮量均有所减小,工程下游涨潮量受影响程度大于上游。黄茅海下游大襟岛-荷包岛-高栏岛一线的三个测流断面涨潮量降幅最大为大襟岛西侧段的 0.75%,东槽涨潮量降低 0.39%;中口

深槽涨潮量降低0.31%。

典型枯水大潮水文条件下，工程后受桥墩阻水影响，各断面涨潮量均减小。工程建成后工程下游约4.7 km处断面涨潮量降低0.41%；工程位置涨潮量降低0.38%；工程上游约5.8 km独崖岛—海泉湾断面涨潮量降低0.42%，工程位置上游约15.6 km新洲围—五山断面涨潮量降低0.25%。黄茅海东槽涨潮量降低0.39%；中口深槽涨潮量降低0.31%。崖门水道和虎跳门水道由于河宽相对较窄，在两岸地形的约束下，水流相对集中，加上上游来流的影响，其涨潮量受影响相对较大。其中崖门官冲断面涨潮量降低0.32%，虎跳门西炮台断面涨潮量降低0.81%。鸡啼门和磨刀门涨潮量变化在0.01%内，工程对其他口门影响较小。

在"2010.6"中水大潮水文条件下，潮量变化规律基本与"2010.1"枯水大潮组合相同。

4.5.3 流速流态影响分析

4.5.3.1 流态

工程实施后，受工程桥墩阻水作用，工程附近水流流速、流态发生一定的变化，工程后洪、枯季典型涨落潮流线见图4.5-2。各水文条件下工程前后流态对比如图4.5-3至图4.5-4（数学模型成果）、图4.5-5至图4.5-8（物理模型成果）所示。

（1）工程前流态

虎跳门-崖门出口连线与高栏岛-荷包岛-大襟岛连线之间水域，又称黄茅海，呈喇叭状形态，涨、落潮流总体表现为南北向往复流动，不同水域流向随岸线偏转略有不同。受径流、潮流、风浪和泥沙的长期作用，逐渐形成"三滩两槽"的基本动力格局，其中黄茅海东槽是涨、落潮流的主要进、出通道。根据涨落潮流场图绘制了黄茅海洪枯季流线图，见图4.5-2。

①涨潮时，洪水条件下，经过桥梁沿线的涨潮流主要为沿中口深槽和东槽上溯的涨潮流，至工程上游赤鼻岛位置遇上游潭江百年一遇洪水，涨潮流不再上溯；枯水条件下，经过桥梁沿线的涨潮流包括沿西槽、中口深槽和东槽上溯的涨潮流。

外海涨潮流经过高栏岛-荷包岛-大襟岛进入黄茅海，潮水被岛屿分割成三股水流，在黄茅海汇流后上溯，其中主流位于东侧水域，该水域分布有高栏港出海航道、崖门出海航道、崖门出海航道二期工程；上溯潮流在三虎（海泉湾)-虎山一带,向北偏转,主流以接近正北的方向进入黄茅海湾顶水域,再分成两股,分别进入虎跳门、崖门水道。

工程区桥梁周边岸线较为顺直,桥梁沿线较为平顺。东侧涨潮流以北偏西的方向经过三角山岛后,潮水沿岸上溯,经过工程东侧水域;中部涨潮流沿正北方向上溯,经过工程中部及西部水域,涨潮流整体流向与桥梁轴线走向基本垂直。同一频率上游来流条件下,深槽流速大于浅滩流速,其中以东航道所在东槽流速最大。

②落潮时,洪水条件下,落潮流经桥梁沿正南和东南向进入中槽和东槽,西槽分流较少;而枯水条件下,工程附近落潮流流向相对洪季东偏。

虎跳门、崖门来流汇流后,经黄茅海下泄进入外海,黄茅海东槽是下泄流主要通道,东槽下泄主要沿三角山东和三角山西峡口下泄,西侧水流沿着西堤岸偏转为东南向后继续向下流动,然后进入大杧岛西峡口。枯水条件下,落潮经过虎山-三虎后,主流沿崖门出海航道以偏东南方向下泄;洪水条件下,落潮流在经过虎山-三虎后,由于落潮流流势较强,主流流向偏转小于枯季,流向更接近正南方向。

工程区桥梁中部及东侧水域承接上游崖门水道下泄主流,落潮流势较强,在桥梁中部流向呈南向、东侧略偏东南,桥梁西侧所处黄茅海西滩流势相对较弱,流向呈东南,与桥梁轴线夹角相对较大。

(2) 工程后流态

整体上,桥梁修建后,工程下游河段落潮流势趋缓、上游涨潮流趋缓,水流向航槽集中。

①东东航道及东航道主流区:由于东东航道及东航道两侧主桥墩间桥跨较宽,水流向航槽内集中,流向变化较大的区域集中在东航道及东东航道主桥墩上下游 100 m 范围内,流向最大变化 16°;至东航道及东东航道主桥墩上下游约 1 500 m,流向偏转小于 1°,整体流向向东航道及东东航道航槽轴线偏转。

②西滩:工程西侧副桥墩所在西滩附近流向整体西偏,流向偏转在 3°以内,由于水流向西侧边滩偏转,流速略有增大。

③上游河网和下游黄茅海出海口门:对于距离工程较远的河网和出海口门区域,流向变化微小,基本在 0.1°内。

局部上,因桥墩阻水,水流至桥墩分为两股绕过,桥墩上下游流速减小,而桥墩之间过流区流速增强。

4 防洪评价计算

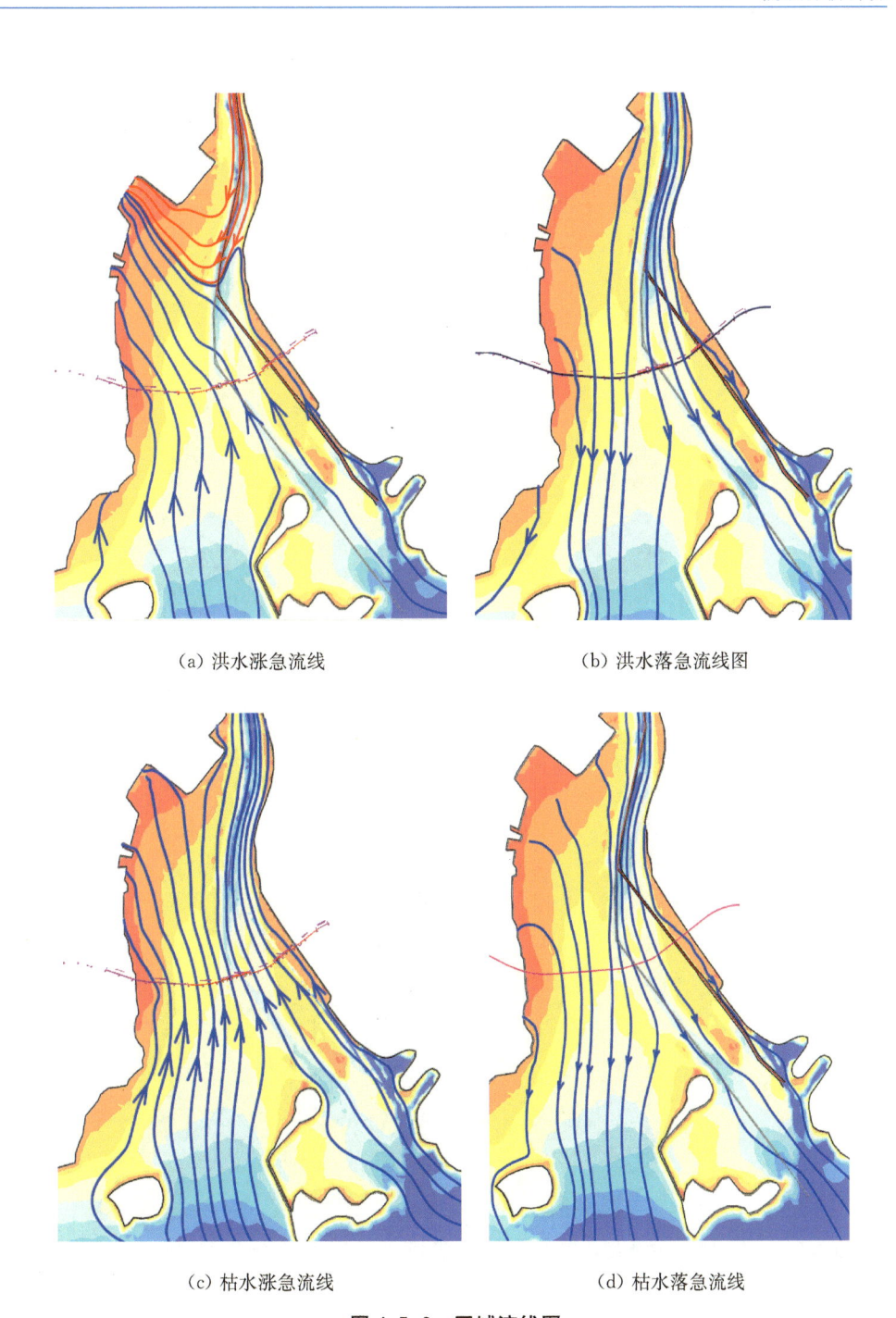

(a) 洪水涨急流线

(b) 洪水落急流线图

(c) 枯水涨急流线

(d) 枯水落急流线

图 4.5-2 区域流线图

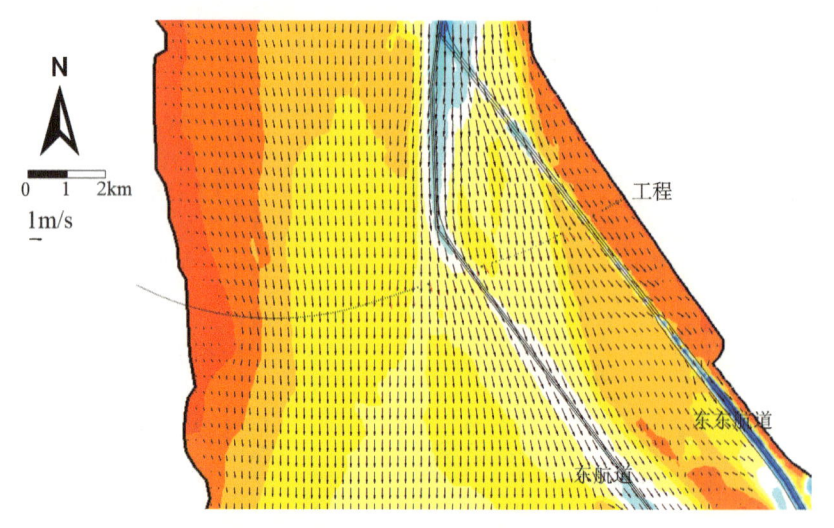

图 4.5-3 "2005.6"洪水组合工程前后落急流场图(黑色为工程前条件,红色为工程后)

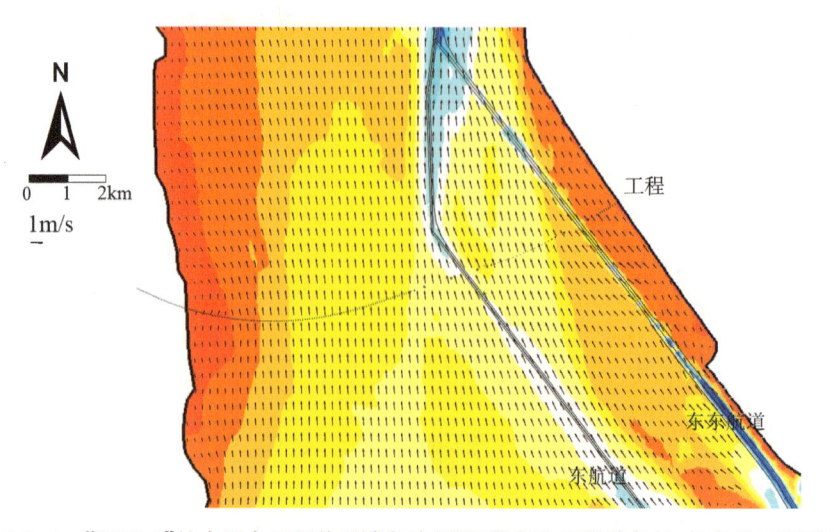

图 4.5-4 "2010.1"枯水组合工程前后涨急流场图(黑色为工程前条件,红色为工程后)

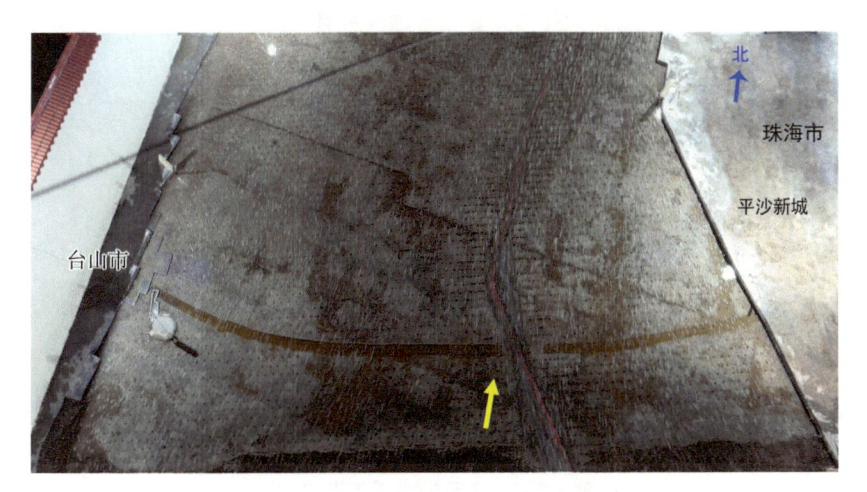

图 4.5-5　工程前枯季涨潮现状流态

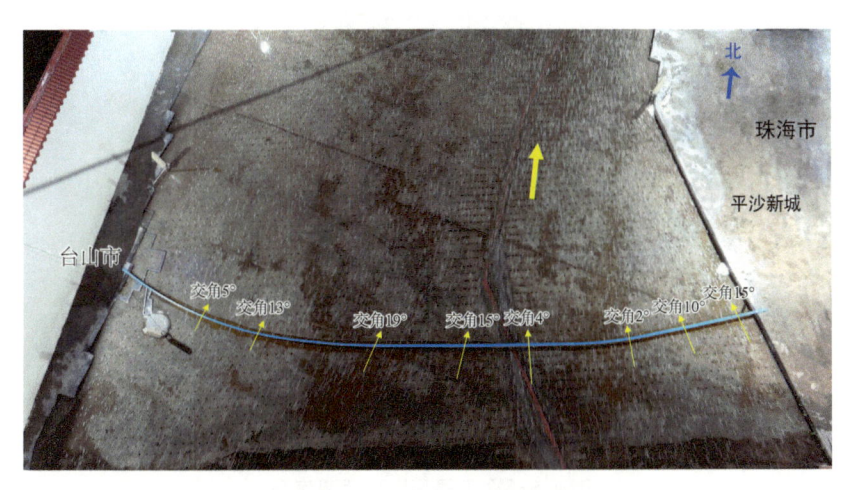

图 4.5-6　工程后枯季涨潮流态

145

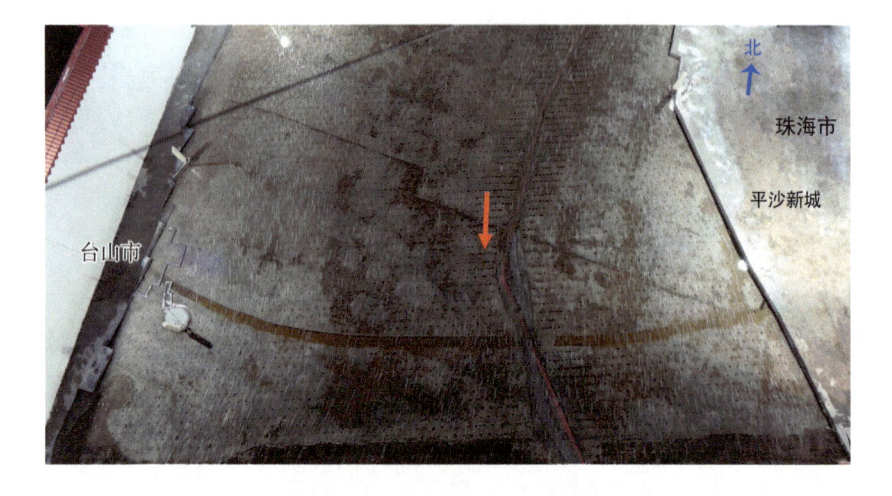

图 4.5-7　工程前洪季落潮流态

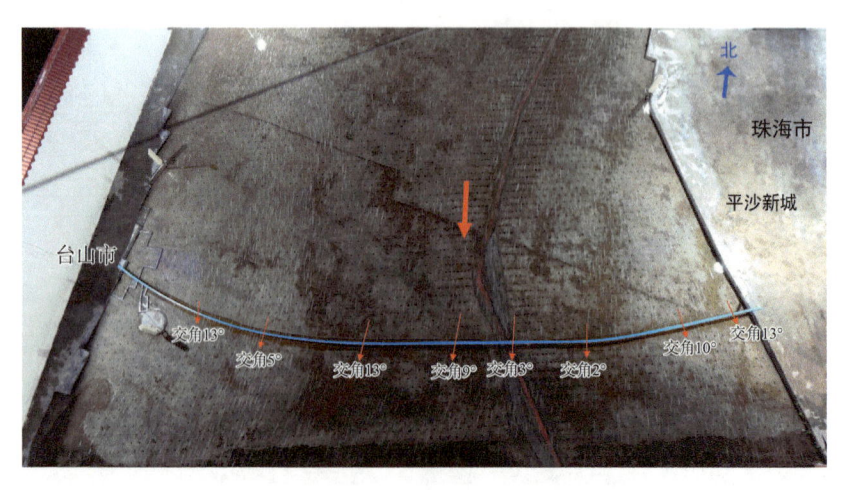

图 4.5-8　工程后洪季落潮流态

（3）桥轴线与水流交角

由于桥梁呈弧形状,水流流向亦与岸线、水下地形、岛屿的分布有关,涨落急时刻,桥轴线与水流交角沿程变化不一,交角变幅为2°～19°。

枯季涨急:从东岸珠海侧始,桥轴线与水流的交角,先减小(15°→2°),在东航道水域,桥轴线与水流的交角为4°,再往西,交角增大,在−4.5 m等高线水域达到最大值19°,往西再逐渐减小,西侧近黄茅岛附近水域,由于岛屿的阻水、挑流作用及桥轴线的弯曲,涨潮流绕过黄茅岛后水流与桥轴线交角明显减小。见图4.5-6。

洪季落急:从东岸珠海侧始,桥轴线与水流的交角,先减小(13°→2°),在东航道水域,桥轴线与水流的交角为3°;东航道往西,交角逐渐增大,在−4.5 m等高线附近水域达到最大值13°,然后再逐渐减小,在−4～−3 m等高线水域减小到5°,−3 m等高线处的浅水域又逐渐增大,在黄茅岛的阻水效应下,沿岸落潮流受到挤压,流向明显偏转,黄茅岛北侧落潮流与桥轴线斜交,交角大于13°。见图4.5-8。

4.5.3.2 流速、流向变化分析

各计算水文条件下,数学模型各采样点位置见图4.5-9,流速、流向变化统计见表4.5-4至表4.5-9;物理模型流速测点位置见图4.5-10,流速变化统计见表4.5-10至表4.5-12。洪季落潮、枯季涨潮流速变化示意见图4.5-11至表4.5-12。

工程实施后,桥位上下游一定范围内流速出现一定的调整,表现在两方面:一是流速大小有增减;二是流向有偏转,整体上除主桥墩之间及西滩水域上下游流速增大,其余桥墩上下游流速呈减小趋势,流速变幅在0.01 m/s以上范围集中在工程上游6.7 km至下游5.4 km之间,局部则体现为桥墩上下游流速减小及桥墩间流速增大,流速变幅在0.3 m/s以内。桥轴线附近沿岸水流流速略有增大,最大变化值在落潮时桥轴线西侧近岸上游,最大增加0.023 m/s。

工程后不同区域流速、流态变化分述如下。

①东东航道桥附近水域

该片水域位于黄茅海东槽附近,工程前洪水落急和枯水涨急最大流速分别为0.45～0.80 m/s、0.50～0.65 m/s,该段工程线位与水流夹角为75°～90°。

工程后,水流往俩主桥墩之间的东东航道内集中,该水域除桥墩阻水、上

下游流速减小外,桥墩间过流区涨、落潮流速均增大。流速变化较大的区域集中在主桥墩之间,两主墩间流速增幅在 0.20 m/s 以内,流速增幅在 0.10 m/s 以上范围至桥位下游 600 m、上游 300 m 处,主桥墩两侧副桥墩上下游流速呈减小趋势,整体上流速减幅在 0.01 m/s 以上范围至桥位下游 2.5 km、上游 6.7 km 处。

东东航道内流速采样点变化范围为 0.02～0.05 m/s。

②东航道附近水域

工程前洪水落急和枯水涨急最大流速分别为 0.62～1.33 m/s、0.47～0.82 m/s,该段工程线位与涨急水流夹角为 75°～90°,与落急水流夹角为 81°～90°。

工程后流速变化较大的区域集中在西航道和东航道主桥墩之间,流速增幅 0.07～0.30 m/s,流速增加 0.10 m/s 以上范围至上游至约 500 m 处,下游至 900 m 处。水流往主桥墩之间集中,主桥墩两侧副桥墩上下游水域流速呈降低趋势,流速减幅在 0.01 m/s 以上范围至桥位下游 5.0 km、上游 4.5 km 处。

东航道及西航道内流速采样点,涨潮流速变化范围为 −0.07～0.10 m/s,落潮流速变化范围为 −0.06～0.07 m/s。

③西滩水域

工程前,该片浅滩区水深较浅,流速相对较小,洪水落急和枯水涨急流速分别在 0.61 m/s、0.55 m/s 以内,该段工程线位与水流夹角为 77°～90°。工程后,西滩水域水流整体向西偏转、流速整体呈增大趋势。流速增加 0.10 m/s 以上范围至上游至约 1.0 km 处、下游至 2.9 km 处。

④黄茅海湾顶及出海口门

在黄茅海湾顶布置 1♯ 至 4♯ 采样点,在下游东口布置 19♯、20♯ 采样点,中口布置 18♯ 采样点、西口布置 17♯ 采样点,测点流速变化均在 0.01 m/s 以内,工程对黄茅海湾顶和出海口门处水流基本无影响。

4 防洪评价计算

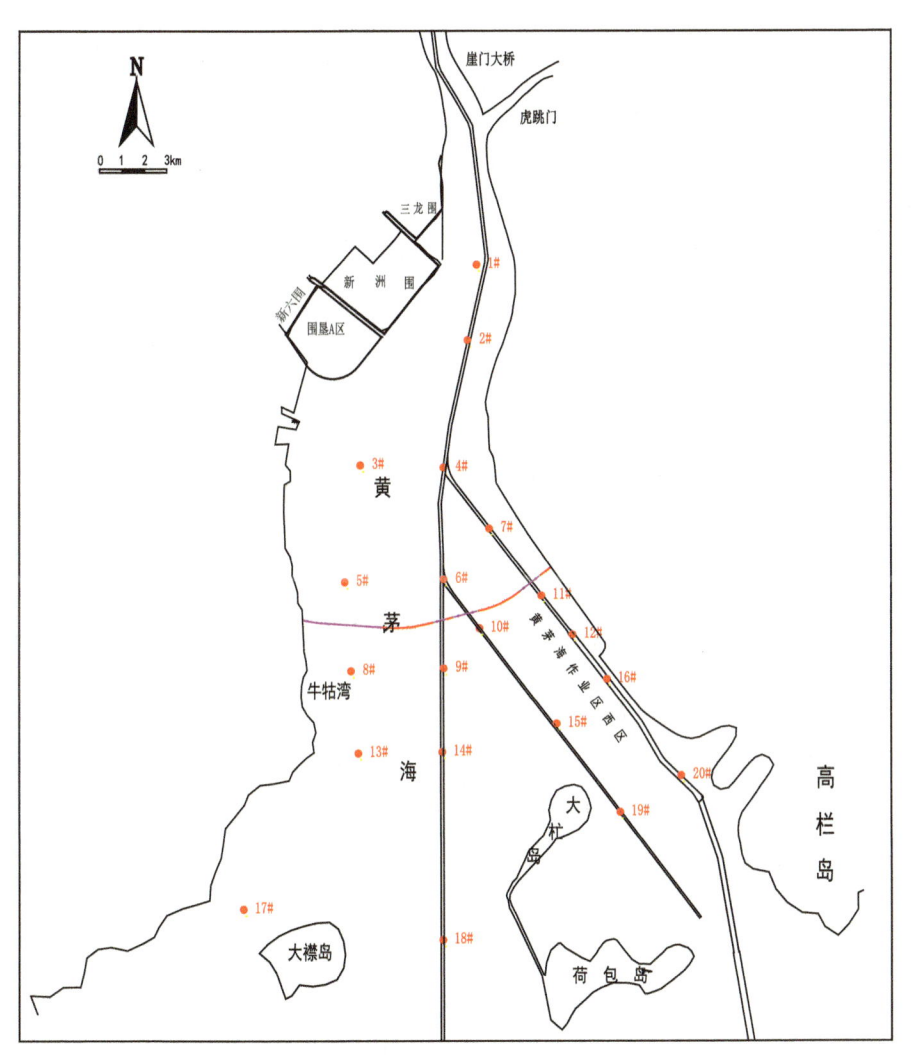

图 4.5-9 数学模型流速采样点位置示意图

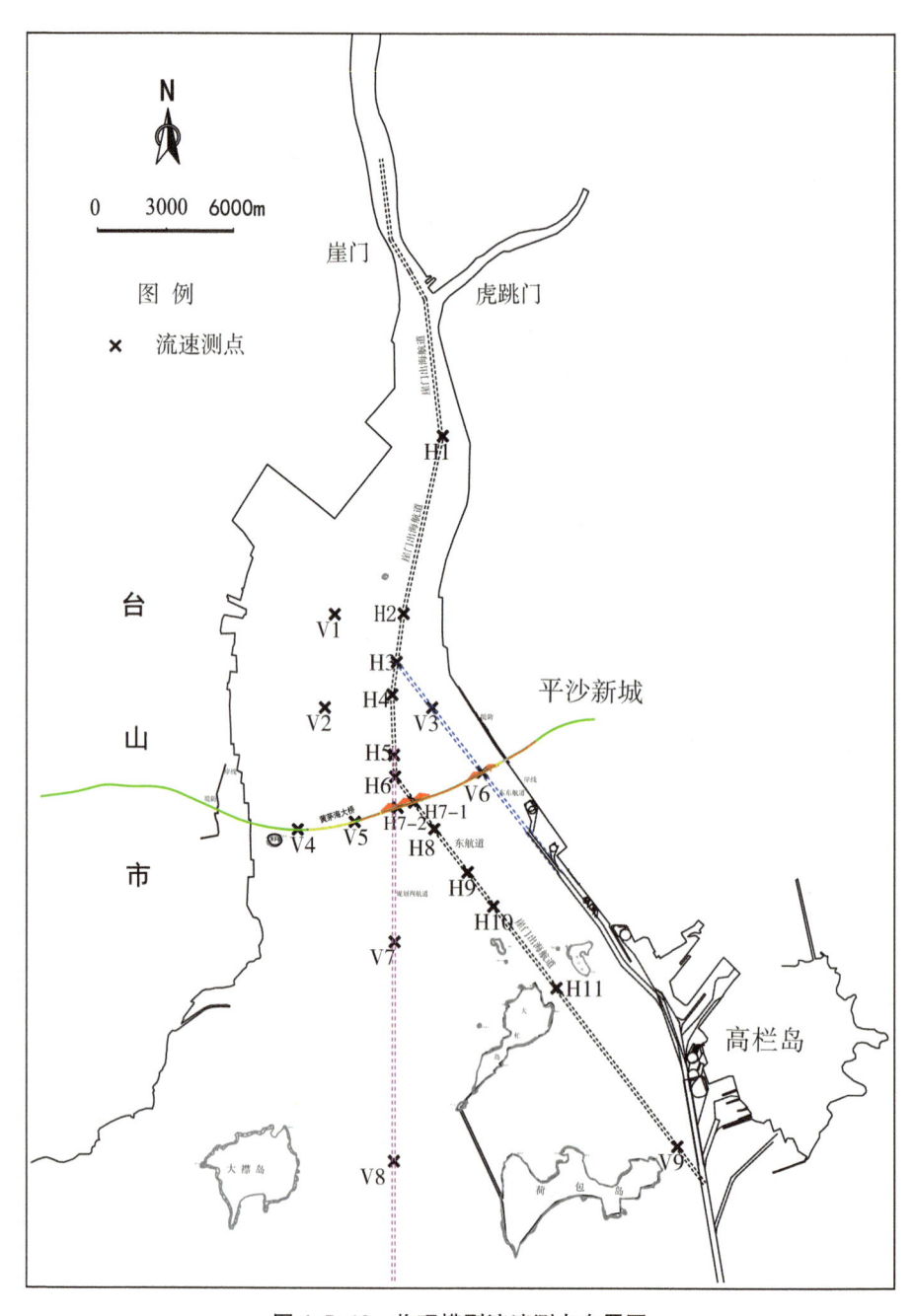

图 4.5-10　物理模型流速测点布置图

表 4.5-4 "2005.6"洪水涨急时刻流速流向统计表

序号	涨急流速(m/s) 工程前	涨急流速(m/s) 工程后	涨急流速(m/s) 变化值	涨急流向(°) 工程前	涨急流向(°) 工程后	涨急流向(°) 变化值
1#	—	—	—	—	—	—
2#	—	—	—	—	—	—
3#	0.350	0.346	−0.004	321.24	320.72	−0.52
4#	0.195	0.194	−0.001	350.05	350.03	−0.02
5#	0.326	0.322	−0.004	329.16	338.00	8.84
6#	0.325	0.335	0.010	340.41	341.38	0.97
7#	0.395	0.390	−0.005	338.99	339.65	0.66
8#	0.333	0.335	0.002	349.00	348.75	−0.25
9#	0.365	0.362	−0.003	338.98	338.47	−0.51
10#	0.341	0.342	0.001	329.59	329.03	−0.56
11#	0.460	0.454	−0.006	319.95	319.39	−0.56
12#	0.322	0.320	−0.002	336.29	336.22	−0.07
13#	0.319	0.316	−0.003	2.69	2.47	−0.22
14#	0.319	0.319	−0.000	341.77	341.47	−0.30
15#	0.624	0.623	−0.001	317.07	317.02	−0.05
16#	0.704	0.702	−0.002	315.32	315.29	−0.03
17#	0.106	0.108	0.002	259.51	258.45	−1.06
18#	0.424	0.423	−0.001	351.38	351.42	0.04
19#	0.515	0.514	−0.001	336.25	336.24	−0.01
20#	0.435	0.434	−0.001	320.15	320.16	0.00

表 4.5-5 "2005.6"洪水落急时刻流速流向统计表

序号	落急流速(m/s) 工程前	落急流速(m/s) 工程后	落急流速(m/s) 变化值	落急流向(°) 工程前	落急流向(°) 工程后	落急流向(°) 变化值
1#	1.300	1.296	−0.004	183.15	183.15	0.00
2#	1.494	1.487	−0.007	192.82	192.84	0.02
3#	0.636	0.633	−0.003	174.80	174.96	0.16
4#	1.271	1.262	−0.009	181.77	181.77	0.00
5#	0.697	0.694	−0.003	163.45	163.63	0.18
6#	1.108	1.099	−0.009	169.51	169.59	0.08

续表

序号	落急流速(m/s)			落急流向(°)		
	工程前	工程后	变化值	工程前	工程后	变化值
7#	1.104	1.093	−0.011	160.15	160.16	0.01
8#	0.819	0.841	0.022	175.61	174.82	−0.79
9#	0.970	0.960	−0.010	173.70	174.15	0.45
10#	0.969	0.962	−0.007	152.35	150.68	−1.67
11#	0.918	0.967	0.049	144.58	144.20	−0.38
12#	0.571	0.578	0.007	151.93	151.75	−0.18
13#	0.876	0.875	−0.001	184.08	183.96	−0.12
14#	0.893	0.889	−0.004	180.10	180.18	0.08
15#	1.018	1.017	−0.001	143.85	143.95	0.10
16#	1.043	1.047	0.004	137.38	137.42	0.04
17#	0.515	0.514	−0.001	215.19	215.17	−0.02
18#	0.810	0.808	−0.002	169.92	169.89	−0.03
19#	0.978	0.977	−0.001	148.56	148.56	0.00
20#	0.565	0.564	−0.001	140.20	140.20	0.00

表 4.5-6 "2010.6"中水涨急时刻流速流向统计表

序号	涨急流速(m/s)			涨急流向(°)		
	工程前	工程后	变化值	工程前	工程后	变化值
1#	0.678	0.676	−0.002	3.94	3.94	0.00
2#	0.763	0.761	−0.002	13.37	13.36	−0.01
3#	0.451	0.449	−0.002	349.32	349.35	0.03
4#	0.686	0.680	−0.006	0.75	0.77	0.02
5#	0.474	0.475	0.001	344.71	345.00	0.29
6#	0.611	0.621	0.010	346.13	345.67	−0.46
7#	0.703	0.686	−0.017	341.77	341.77	0.00
8#	0.487	0.485	−0.002	355.47	353.17	−2.30
9#	0.533	0.528	−0.005	351.84	351.99	0.15
10#	0.509	0.505	−0.004	332.55	332.50	−0.05
11#	0.589	0.585	−0.004	320.62	320.38	−0.24
12#	0.367	0.365	−0.002	336.90	336.89	−0.01

续表

序号	涨急流速(m/s)			涨急流向(°)		
	工程前	工程后	变化值	工程前	工程后	变化值
13#	0.497	0.493	−0.004	8.13	8.10	−0.03
14#	0.468	0.464	−0.004	359.59	359.52	−0.07
15#	0.653	0.650	−0.003	320.63	320.59	−0.04
16#	0.760	0.757	−0.003	315.94	315.93	−0.01
17#	0.279	0.276	−0.003	37.63	37.60	−0.03
18#	0.459	0.457	−0.002	348.19	348.14	−0.05
19#	0.490	0.489	−0.001	337.69	337.69	0.00
20#	0.407	0.406	−0.001	320.18	320.19	0.01

表 4.5-7 "2010.6"中水落急时刻流速流向统计表

序号	落急流速(m/s)			落急流向(°)		
	工程前	工程后	变化值	工程前	工程后	变化值
1#	0.881	0.876	−0.005	183.14	183.14	0.00
2#	1.027	1.022	−0.005	192.77	192.79	0.02
3#	0.530	0.527	−0.003	171.00	171.14	0.14
4#	0.954	0.948	−0.006	180.76	180.76	0.00
5#	0.595	0.591	−0.004	162.51	162.63	0.12
6#	0.862	0.858	−0.004	168.90	168.97	0.07
7#	0.903	0.893	−0.010	159.97	160.00	0.03
8#	0.690	0.708	0.018	175.23	174.51	−0.72
9#	0.817	0.806	−0.011	173.33	173.80	0.47
10#	0.818	0.810	−0.008	152.17	150.92	−1.25
11#	0.781	0.821	0.040	144.62	144.24	−0.38
12#	0.499	0.501	0.002	151.95	151.78	−0.17
13#	0.736	0.735	−0.001	184.00	183.88	−0.12
14#	0.750	0.746	−0.004	179.59	179.68	0.09
15#	0.880	0.879	−0.001	143.35	143.43	0.08
16#	0.914	0.912	−0.002	137.31	137.32	0.01
17#	0.380	0.379	−0.001	212.93	212.88	−0.05
18#	0.686	0.683	−0.003	167.76	167.72	−0.04

续表

序号	落急流速(m/s)			落急流向(°)		
	工程前	工程后	变化值	工程前	工程后	变化值
19#	0.884	0.881	−0.003	148.85	148.85	0.00
20#	0.513	0.512	−0.001	140.06	140.06	0.00

表 4.5-8 "2010.1"枯水涨急时刻流速流向统计表

序号	涨急流速(m/s)			涨急流向(°)		
	工程前	工程后	变化值	工程前	工程后	变化值
1#	0.775	0.771	−0.004	4.13	4.12	−0.01
2#	0.909	0.905	−0.004	13.28	13.27	−0.01
3#	0.520	0.517	−0.003	348.30	348.31	0.01
4#	0.793	0.785	−0.008	0.70	0.72	0.02
5#	0.536	0.542	0.006	346.85	347.44	0.59
6#	0.710	0.720	0.010	345.88	345.45	−0.43
7#	0.811	0.792	−0.019	341.74	341.71	−0.03
8#	0.565	0.561	−0.004	354.93	354.61	−0.32
9#	0.618	0.611	−0.007	350.03	350.13	0.10
10#	0.602	0.595	−0.007	331.97	331.90	−0.07
11#	0.678	0.678	−0.000	319.48	319.60	0.12
12#	0.415	0.412	−0.003	336.88	336.86	−0.02
13#	0.564	0.558	−0.006	6.85	6.79	−0.06
14#	0.532	0.527	−0.005	356.97	356.86	−0.11
15#	0.781	0.777	−0.004	319.21	319.16	−0.05
16#	0.893	0.889	−0.004	315.59	315.57	−0.02
17#	0.289	0.285	−0.004	31.28	31.18	−0.10
18#	0.530	0.528	−0.002	350.65	350.64	−0.01
19#	0.585	0.582	−0.003	335.57	335.56	−0.02
20#	0.473	0.472	−0.001	318.48	318.49	0.01

表 4.5-9 "2010.1"枯水落急时刻流速流向统计表

序号	落急流速(m/s)			落急流向(°)		
	工程前	工程后	变化值	工程前	工程后	变化值
1#	0.962	0.956	−0.006	183.03	183.03	0.00
2#	1.114	1.107	−0.007	193.00	193.02	0.02
3#	0.600	0.596	−0.004	171.29	171.46	0.17
4#	1.063	1.055	−0.008	180.45	180.45	0.00
5#	0.675	0.672	−0.003	161.19	161.41	0.22
6#	0.983	0.977	−0.006	168.62	168.69	0.07
7#	1.009	0.996	−0.013	159.84	159.88	0.04
8#	0.800	0.820	0.020	174.60	173.92	−0.68
9#	0.935	0.921	−0.014	172.36	172.84	0.48
10#	0.933	0.921	−0.012	152.18	150.93	−1.25
11#	0.900	0.947	0.047	144.51	144.06	−0.45
12#	0.576	0.578	0.002	151.76	151.50	−0.26
13#	0.856	0.855	−0.001	183.21	183.06	−0.15
14#	0.874	0.869	−0.005	178.45	178.51	0.06
15#	1.042	1.039	−0.003	143.08	143.16	0.08
16#	1.077	1.078	0.001	137.21	137.24	0.03
17#	0.420	0.417	−0.003	209.91	209.82	−0.09
18#	0.833	0.831	−0.002	169.50	169.47	−0.03
19#	1.054	1.051	−0.003	148.66	148.66	0.00
20#	0.613	0.611	−0.002	139.11	139.12	0.01

表 4.5-10 "2005.6"洪水涨落急流速变化统计

位置	测点	涨急流速(m/s)			落急流速(m/s)		
		工程前	工程后	变化值	工程前	工程后	变化值
西滩	V1	0.45	0.45	0.00	1.34	1.34	0.00
	V2	0.30	0.30	0.00	1.05	1.01	−0.04
东滩	V3	0.27	0.26	−0.01	1.19	1.15	−0.04

续表

位置	测点	涨急流速(m/s)			落急流速(m/s)		
		工程前	工程后	变化值	工程前	工程后	变化值
桥址断面	V4	0.29	0.31	0.02	0.66	0.71	0.05
	V5	0.61	0.65	0.04	0.68	0.71	0.03
	V6	0.47	0.50	0.03	1.03	1.08	0.05
中槽	V7	0.46	0.43	−0.03	1.32	1.29	−0.03
	V8	0.43	0.43	0.00	0.86	0.86	0.00
东槽	V9	0.88	0.88	0.00	1.28	1.28	0.00
上游航道	H1	0.23	0.23	0.00	1.38	1.38	0.00
	H2	0.54	0.54	0.00	1.42	1.42	0.00
	H3	0.49	0.49	0.00	1.56	1.57	0.01
	H4	0.48	0.48	0.00	1.40	1.41	0.01
	H5	0.47	0.48	0.01	1.23	1.29	0.06
	H6	0.45	0.46	0.01	1.27	1.32	0.05
桥址断面	H7-1	0.51	0.54	0.03	1.21	1.28	0.07
	H7-2	0.49	0.52	0.03	1.24	1.31	0.07
下游航道	H8	0.76	0.78	0.02	1.23	1.25	0.02
	H9	0.86	0.81	−0.05	1.36	1.30	−0.06
	H10	0.85	0.83	−0.02	1.47	1.43	−0.04
	H11	0.99	0.99	0.00	2.53	2.53	0.00

表 4.5-11 "2010.6"中水涨落急流速变化统计

位置	测点	涨急流速(m/s)			落急流速(m/s)		
		工程前	工程后	变化值	工程前	工程后	变化值
西滩	V1	0.64	0.64	0.00	1.17	1.17	0.00
	V2	0.76	0.76	0.00	0.97	0.93	−0.04
东滩	V3	0.90	0.89	−0.01	0.81	0.79	−0.02
桥址断面	V4	0.55	0.57	0.02	0.62	0.65	0.03
	V5	0.66	0.69	0.03	0.65	0.68	0.03
	V6	0.49	0.54	0.05	0.93	0.97	0.04
中槽	V7	0.84	0.81	−0.03	1.19	1.17	−0.04
	V8	0.68	0.68	0.00	0.73	0.68	−0.05

续表

位置	测点	涨急流速(m/s) 工程前	工程后	变化值	落急流速(m/s) 工程前	工程后	变化值
东槽	V9	1.14	1.14	0.00	1.02	1.02	0.00
上游航道	H1	0.75	0.75	0.00	0.99	0.99	0.00
	H2	0.61	0.61	0.00	0.89	0.89	0.00
	H3	0.98	0.98	0.00	0.94	0.94	0.00
	H4	0.94	0.94	0.00	1.04	1.05	0.01
	H5	0.81	0.83	0.02	1.05	1.08	0.03
	H6	0.82	0.86	0.04	1.13	1.17	0.04
桥址断面	H7-1	0.83	0.89	0.06	1.03	1.07	0.04
	H7-2	0.84	0.89	0.05	1.06	1.09	0.03
下游航道	H8	0.81	0.83	0.02	1.08	1.07	−0.01
	H9	1.14	1.10	−0.04	1.18	1.14	−0.04
	H10	1.69	1.67	−0.02	1.30	1.28	−0.02
	H11	1.31	1.31	0.00	1.90	1.90	0.00

表 4.5-12 "2010.1"枯水涨落急流速变化统计

位置	测点	涨急流速(m/s) 工程前	工程后	变化值	落急流速(m/s) 工程前	工程后	变化值
西滩	V1	0.70	0.70	0.00	0.63	0.63	0.00
	V2	0.79	0.76	−0.03	0.74	0.73	−0.01
东滩	V3	0.97	0.95	−0.02	0.68	0.68	0.00
桥址断面	V4	0.72	0.75	0.03	0.52	0.55	0.03
	V5	0.75	0.79	0.04	0.57	0.61	0.04
	V6	0.64	0.68	0.04	0.71	0.74	0.03
中槽	V7	0.89	0.85	−0.04	0.84	0.81	−0.03
	V8	0.97	0.97	0.00	0.68	0.68	0.00
东槽	V9	1.32	1.32	0.00	0.96	0.96	0.00

续表

位置	测点	涨急流速(m/s)			落急流速(m/s)		
		工程前	工程后	变化值	工程前	工程后	变化值
上游航道	H1	0.92	0.92	0.00	1.35	1.35	0.00
	H2	0.64	0.64	0.00	1.41	1.41	0.00
	H3	1.03	1.03	0.00	1.31	1.31	0.00
	H4	1.00	0.97	−0.03	0.99	0.99	0.00
	H5	0.95	0.97	0.02	0.93	0.91	−0.02
	H6	0.89	0.93	0.04	0.91	0.88	−0.03
桥址断面	H7-1	0.89	0.97	0.08	0.91	0.94	0.03
	H7-2	0.88	0.98	0.10	0.95	0.99	0.04
下游航道	H8	1.12	1.15	0.03	1.02	1.00	−0.02
	H9	1.23	1.16	−0.07	1.03	1.01	−0.02
	H10	1.74	1.72	−0.02	1.10	1.10	0.00
	H11	1.41	1.41	0.00	1.50	1.50	0.00

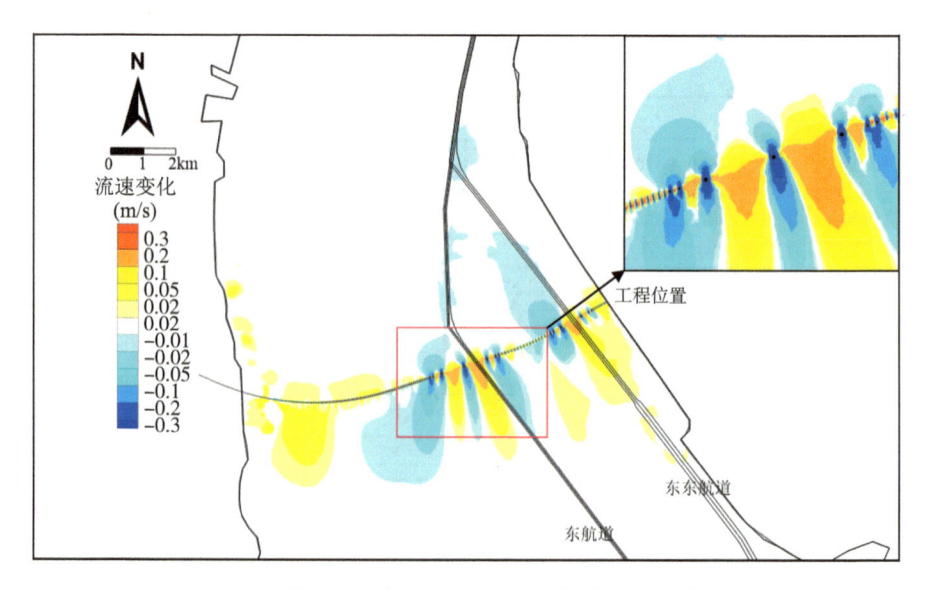

图 4.5-11 "2005.6"洪水组合工程前后落急流速变化示意图

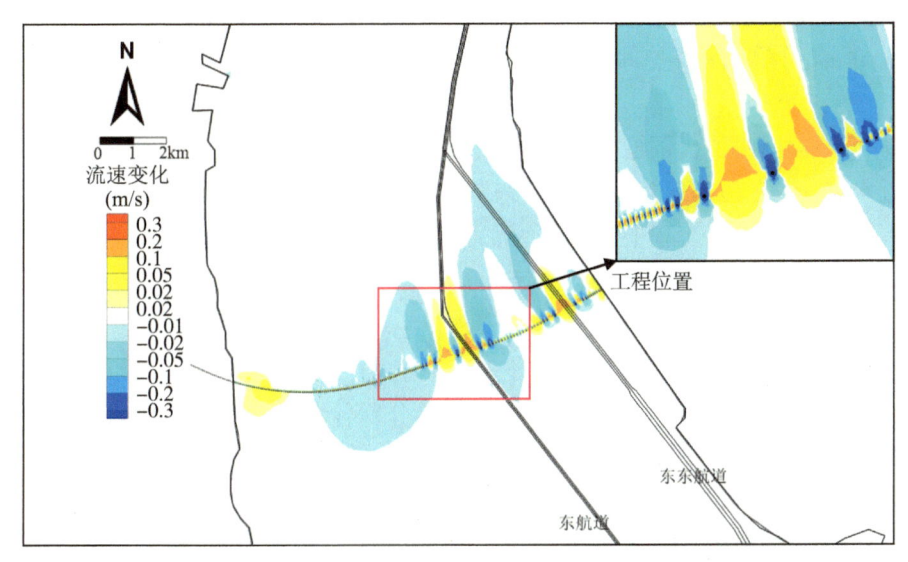

图 4.5-12 "2010.1"枯水组合工程前后涨急流速变化示意图

4.5.4 潮汐动力变化影响综合分析与评价

综合以上分析,工程实施后,洪、中、枯不同水文条件下,潮汐动力变化总结如下。

(1) 黄茅海通道工程实施后,桥址断面过流面积减小,百年一遇水位条件下阻水比为 9.77%,对涨、落潮流均具有阻碍作用,导致黄茅海纳潮量减少,潮汐动力总体呈减弱趋势。

(2) 桥址附近流速有增有减,主槽道流速增大,桥墩上下游和距离桥址较远的水域流速总体以减小为主。由于主槽道附近桥跨较大,工程建设后潮流往主槽道集中,该水域除桥墩阻水、上下游流速减小外,桥墩间过流区涨、落潮流速均增大,流速变化较大的区域集中在主桥墩之间,两主墩间流速增幅在 0.20 m/s 以内,流速增幅在 0.10 m/s 以上范围至桥位下游 600 m、上游 300 m 处,流速变幅在 0.01 m/s 以上范围至工程上游 6.7 km、下游 5.4 km 处。

(3) 黄茅海水域潮汐动力总体上减弱,会引起潮流输沙能力的降低,导致河床淤积加大,这种影响对河口可能具有长期的、累积性的不利效应。远期考虑附近河床滩槽变化及工程上下游水域的淤积,纳潮量将进一步减小。

4.6 河势稳定影响评价

工程建设后,局部输沙的调整和变化使得河床发生改变。尤其是桥墩附近水域,流速、流态发生变化,泥沙输移也受到影响。与此同时,由于大桥工程综合阻水效应,工程上游水域的涨、落潮量均有不同程度的减小,输沙能力变化,必然引起上游滩、槽冲淤的变化。

4.6.1 物理模型悬沙淤积试验

物理模型在工程周边滩槽,东滩、西滩分别各布置 3 个淤积观测点,工程附近航道布置了 HD1、HD2、HD3 三个淤积观测段,见图 4.6-1。工程建设后的泥沙淤积试验照片见图 4.6-2 至图 4.6-4,泥沙淤积厚度变化见表 4.6-1。

大桥工程建设后,受桥墩阻水影响,滩面水流动力减弱,淤积增大,西滩淤积大于东滩,西滩淤强增大 0.01~0.02 m/a,东滩增大不超过 0.01 m/a,上下游航道淤强增大 0.01~0.02 m/a。

分析认为,受桥墩消能影响,桥址上游受波浪影响有所减弱,尤其是西滩近岸水域,墩距为 40 m,桥墩可以削弱波能,从而减弱波浪掀沙,使得泥沙局部搬运能力有所减小而淤积增加。因此,桥墩消能造成波浪掀沙的减弱,也是造成工程后西滩淤强增幅相对较大的原因之一。

表 4.6-1 物理模型泥沙淤积试验成果 单位:m/a

分段区间	编号	现状淤积	工程后	变化值
崖门出海航道（东航道）	HD1	0.88	0.89	0.01
	HD2	1.02	1.04	0.02
	HD3	1.09	1.09	0.00
东滩	DT1	0.01	0.02	0.01
	DT2	0.01	0.02	0.01
	DT3	0.01	0.02	0.01
西滩	XT1	0.03	0.04	0.01
	XT2	0.03	0.05	0.02
	XT3	0.03	0.04	0.01

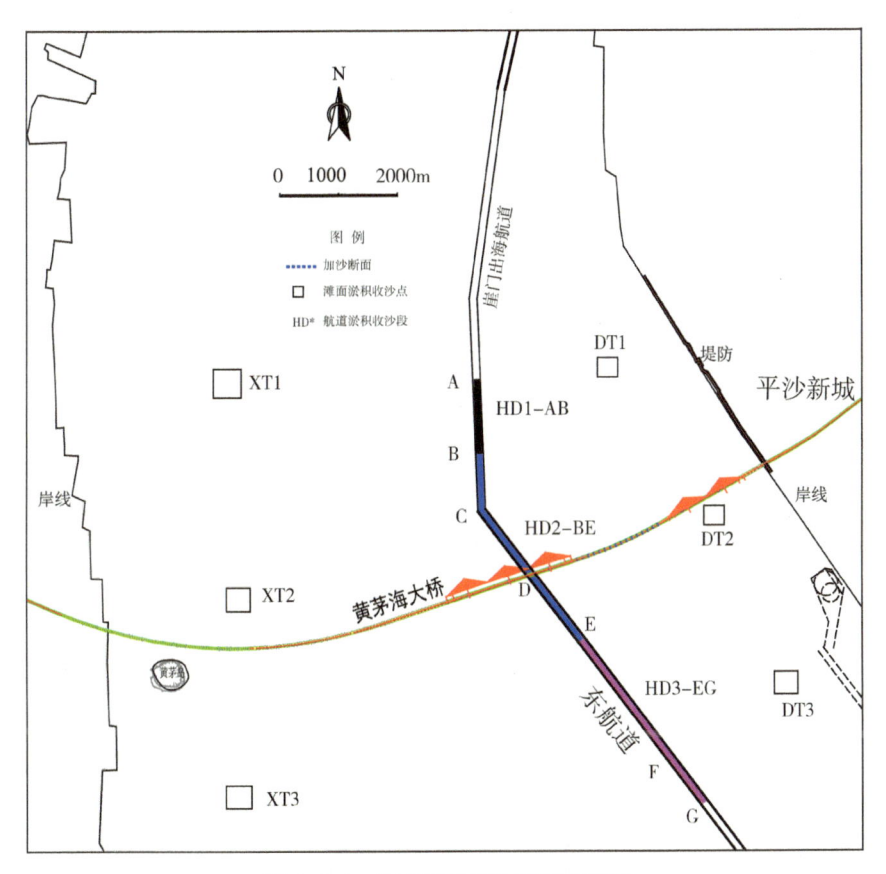

图 4.6-1 物理模型泥沙观测点布置

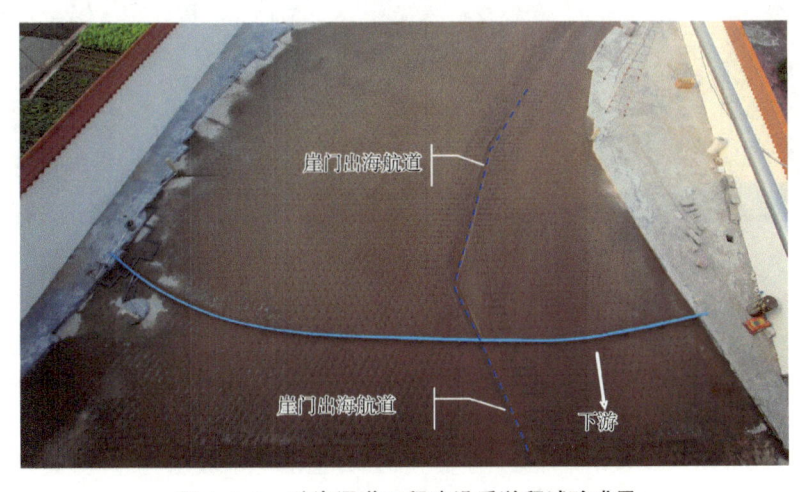

图 4.6-2 跨海通道工程建设后淤积试验成果

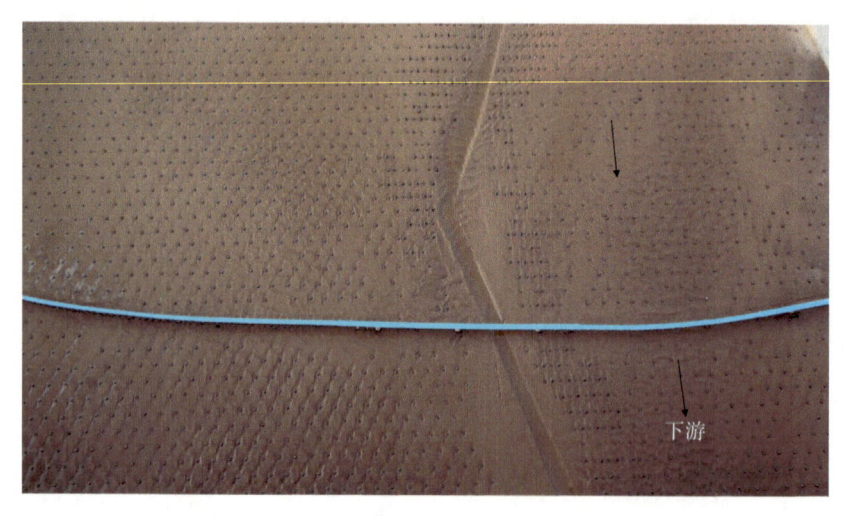

图 4.6-3　跨海通道工程建设后黄茅海大桥主跨周边水域淤积试验成果

图 4.6-4　跨海通道工程建设后下游航道及滩地淤积试验成果

4.6.2　物理模型动床冲刷试验

从局部动床试验结果看,工程实施初期,主槽道水域略有冲刷,黄茅海大桥 720 m 主跨桥墩附近河床冲刷幅度最大,其次为黄茅海大桥主桥的辅墩,再次为高栏港大桥 700 m 跨主墩附近河床,非通航孔桥段冲刷深度最小。

动床冲刷试验范围示意见图 4.6-5,试验冲刷成果照片见图 4.6-6 至图 4.6-7。试验结果表明,黄茅海大桥主墩附近最大冲刷深度为 3.2 m 左右,辅墩最大冲刷深度 2.8 m,高栏港大桥主墩周边的最大冲刷幅度为 2.3 m;冲刷坑大致呈圆形特征,直径为墩径的 4~6 倍,间距较近的主墩、辅墩之间,冲刷范围彼此影响。分析认为,黄茅海大桥位于东航道、规划西航道所在的深水区,主墩位于-5 m 等高线以深水域,东岸高栏港大桥为东东航道水域,主墩位于-3 m 等高线以浅水域,所以,主流区黄茅海大桥附近涨、落潮流速明显大于东侧的高栏港大桥,是冲刷深度相对较大的主要原因;非通航孔桥段冲刷幅度最小,平均冲刷深度一般介于 1.0~2.0 m。

桥墩周边出现冲坑,冲坑外侧为环状淤积带,桥墩中间表现为微冲,桥址上下游略有淤积,变化不大。

综上所述,工程后桥址断面桥墩附近河床将出现冲刷调整,主墩最大冲刷幅度为 3.2 m 左右,局部桥墩承台露出泥面,辅墩略小,非通航孔桥段冲刷幅度最小,平均冲刷深度一般介于 1.0~2.0 m,西侧近岸水域,在黄茅岛及养殖区的遮蔽效应下,桥墩冲刷程度会偏小。

4.6.3　河势稳定影响

河势稳定分析主要从以下两方面进行分析:一是涨、落潮流的变化分析,包括流速、潮量及东、西槽涨落潮流的水流动力轴线变化等;二是河岸及滩槽的变化分析。

4.6.3.1　主槽水流动力轴线摆动对河势影响分析

黄茅海跨海通道工程建设后洪水落急和枯水涨急时的流速等值线变化、工程前后水动力轴线对比分别如图 4.6-8、图 4.6-9 所示。黄茅海跨海通道工程通过增加主流区的跨径以减小对主槽道潮流的阻力,工程建设后流速等值线和水动力轴线的平面位置变化不大。

从流速等值线偏移情况来看,洪水落急时刻 1.0 m/s 流速等值线向内缩,西侧 1.0 m/s 等值线向东偏移 176 m,东侧 1.0 m/s 等值线向西偏移 184 m,桥梁沿线由于桥墩阻水,桥墩间流速增大,0.6 m/s 和 0.8 m/s 等值线则向外扩张;枯水涨急,在桥梁沿线等值线向外扩张,而工程上下游流速等值线整体向内收缩,流速减小。

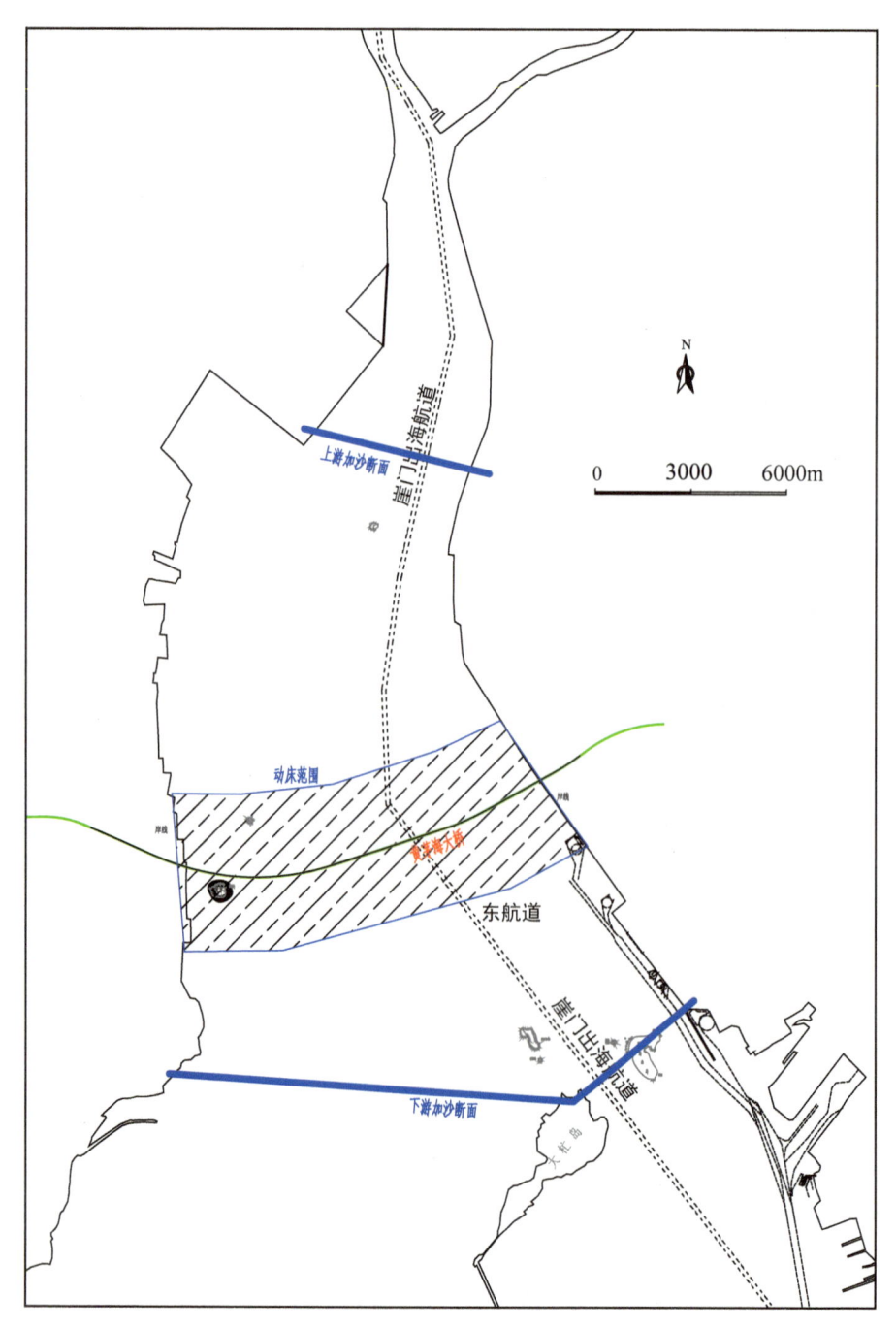

图 4.6-5　物理模型动床边界范围

图 4.6-6　物理模型动床试验整体

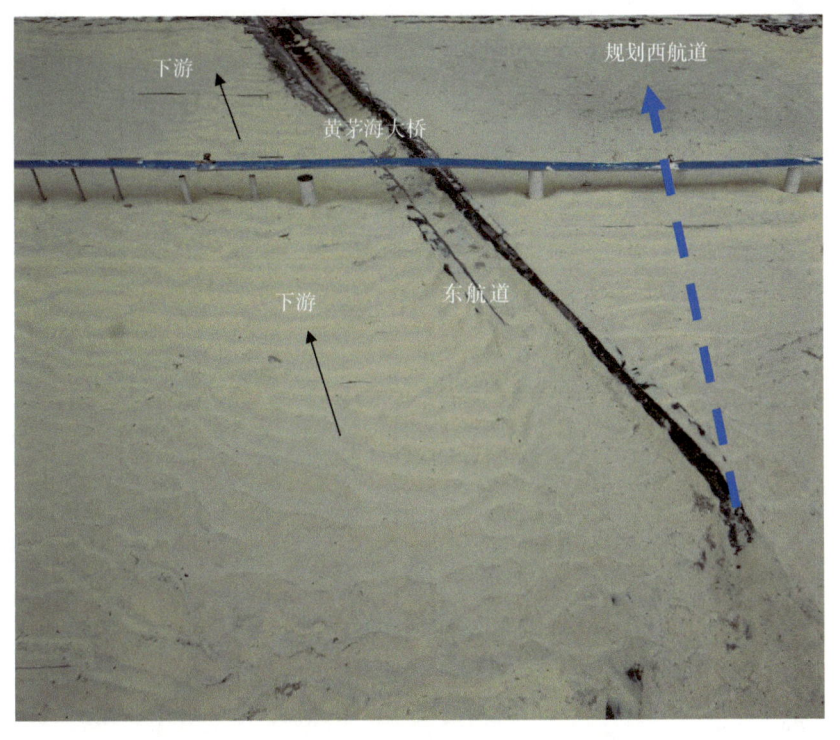

图 4.6-7　物理模型动床试验(黄茅海大桥周边河床)

受桥墩阻水作用,水流向航槽集中,黄茅海东槽的动力轴线略向西侧摆动,洪水落急和枯水涨急情况下的变幅分别在 5 m、4 m 左右,变幅较小;而沿中部深槽的水动力轴线略向东侧摆动,洪水落急和枯水涨急情况下的变幅分别在 3 m、2 m 左右,变幅较小。

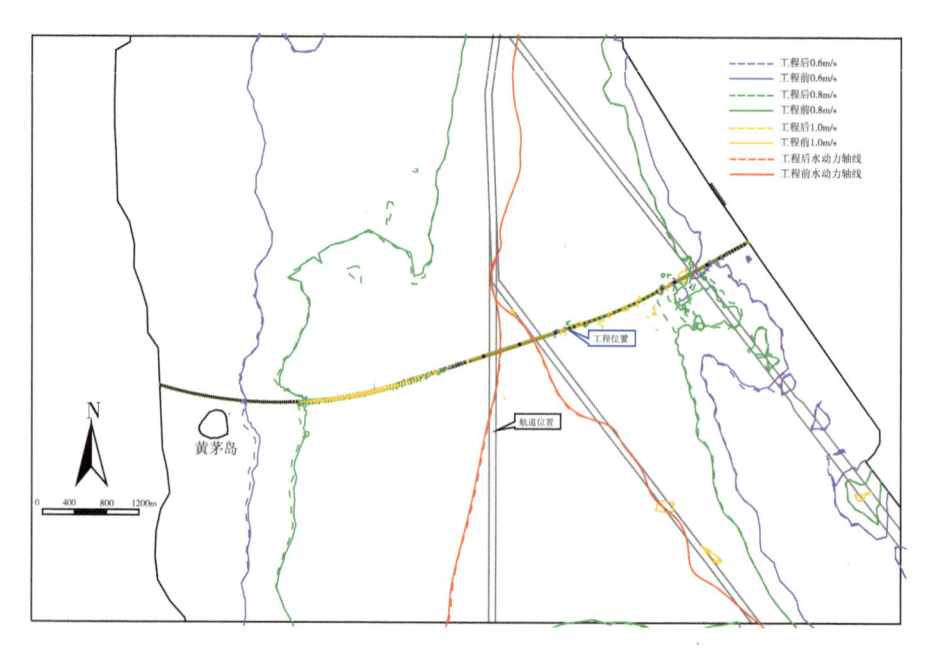

图 4.6-8　洪水落急时刻流速等值线变化图及水动力轴线变化图

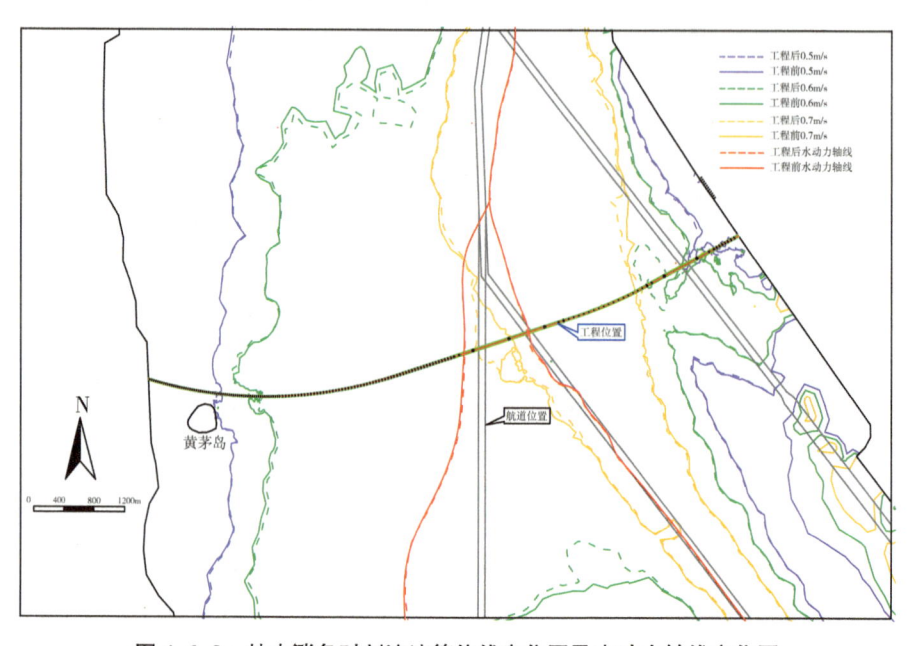

图 4.6-9　枯水涨急时刻流速等值线变化图及水动力轴线变化图

4.6.3.2 滩槽冲淤变化对河势影响分析

潮流挟沙能力与水动力状况密切相关。受工程桥墩阻水的影响,工程上下游潮流动力、挟沙能力出现调整,促使河床冲淤变化。从局部范围来看,桥孔及其上下游的流速增大,水流挟沙能力增强,将减少该水域泥沙淤积或产生局部河床冲刷;而桥墩上下游流速减小,水流挟沙能力减弱,引起部分泥沙在桥墩上下游落淤。从整体影响范围来看,距离工程较远的区域潮流动力呈减弱趋势,流速变幅在 0.01 m/s 以上范围集中在工程上游 6.7 km 至下游 5.4 km 区域,距离工程越远则影响越小。

黄茅海主槽道位于东槽,受崖门出海航道疏浚的影响,主槽道较为稳定。工程建设后,由于桥址段主槽道流速增大,动力增强,淤积略有减少,而上下游较远的区域淤积则略有增大。黄茅海东滩范围受港口航道建设等人类活动的影响而有所减小,拦门沙区(中滩)和西滩区是径潮相互作用地带,总体以淤积为主,呈现向南推进的趋势。

4.7 施工期泄洪影响

为研究施工期间工程建设对河口泄洪的影响,选取"2005.6"洪水边界水文组合,分析大洪水条件下,河口水位变化。模拟成果见表 4.7-1 和表 4.7-2。

"2005.6"洪水条件下,桥址上游高高潮位降低、低低潮位升高,高高潮位降低幅度小于低低潮位升高幅度。总体上,工程对洪水水位的影响主要集中在工程上游至口门,使得高高潮位降低 0.003~0.010 m、低低潮位壅高 0.012~0.080 m,并随着与工程距离的增加,潮位变幅不断减小;而对工程下游及黄茅海三个出海口附近水域潮位影响较小。

(1) 工程上游黄茅海水域

在"2005.6"洪水情况下,工程上游 100 m 处高高潮位降低 0.010 m、低低潮位升高 0.080 m;工程上游 590 m 处的三前水闸高高潮位降低 0.010 m、低低潮位升高 0.07 m;工程上游 1 km 高高潮位降低 0.008 m、低低潮位抬高 0.072~0.074 m。工程上游 4.6 km 虎山附近水域高高潮位降低 0.000~0.004 m,低低潮位升高 0.041~0.05 m;工程上游 12.5 km 处黄茅海湾顶附近水域高高潮位降低 0.004 m,低低潮位升高 0.037 m。

(2) 口门水域

在"2005.6"洪水情况下,上游25 km处虎跳门西炮台水文站附近水域高高潮位降低0.000~0.004 m,低低潮位升高0.012~0.02 m;官冲水位站水域高高潮位降低0.000~0.003 m,低低潮位升高约0.02 m;至崖门水道三江口处,高高潮位变化微小,低低潮位升高0.000~0.004 m,至石咀水文站,潮位基本无变化。

(3) 工程下游黄茅海水域

在"2005.6"洪水情况下,工程下游,高潮位略有壅高,变幅均在0.003 m以内。桥址附近水域低潮位表现为抬升,桥址下游100 m水域低潮位抬升0.02 m;桥址1 km以下水域低潮位降低,潮位变幅均在0.004 m以内,距离越远变化越小。

(4) 洪水期潮位变化影响分析

综上所述,施工期在"2005.6"洪水情况下,工程上游高高潮位降低、低低潮位升高,虎跳门西炮台水文站附近水域高高潮位降低0.000~0.004 m,低低潮位升高0.012~0.02 m;官冲水位站水域高高潮位降低0.000~0.003 m,低低潮位升高约0.02 m。黄茅海-崖门是珠江河口西侧的潮汐通道,潮流作用占优,施工面的阻水效应使得上游高潮位有所降低,高潮位期间,洪潮顶托效应减弱,但低潮位壅高值相对较大,不利于上游河道宣泄洪水和潮水。

表4.7-1 "2005.6"洪水组合各测点特征潮位变化数模成果表　　单位:m

点序号	测点位置	高高潮位 工程前	高高潮位 施工期	高高潮位 水位差	低低潮位 工程前	低低潮位 施工期	低低潮位 水位差
1#	石咀	3.220	3.220	0.000	2.151	2.151	0.000
2#	三江口	2.407	2.407	0.000	0.031	0.035	0.004
3#	官冲	1.893	1.890	−0.003	−0.743	−0.723	0.020
4#	西炮台	1.841	1.837	−0.004	−0.633	−0.621	0.012
5#	工程上游12.5 km	1.701	1.697	−0.004	−1.153	−1.116	0.037
6#	虎山	1.630	1.626	−0.004	−1.389	−1.348	0.041
7#	工程上游1.3 km	1.599	1.593	−0.006	−1.448	−1.381	0.067
8#	西岸上游1 km	1.601	1.593	−0.008	−1.466	−1.394	0.072
9#	东岸上游1 km	1.598	1.590	−0.008	−1.449	−1.375	0.074
10#	工程上游100 m	1.589	1.579	−0.010	−1.484	−1.404	0.080
11#	工程下游100 m	1.584	1.587	0.003	−1.512	−1.492	0.020

续表

点序号	测点位置	高高潮位 工程前	高高潮位 施工期	水位差	低低潮位 工程前	低低潮位 施工期	水位差
12#	黄茅岛	1.580	1.583	0.003	−1.542	−1.530	0.012
13#	工程下游 1 km	1.587	1.589	0.002	−1.529	−1.533	−0.004
14#	工程下游 5 km	1.534	1.535	0.001	−1.614	−1.616	−0.002
15#	荷包岛	1.435	1.435	0.000	−1.575	−1.577	−0.002
16#	高栏港	1.439	1.439	0.000	−1.567	−1.568	−0.001
17#	东槽出口	1.387	1.387	0.000	−1.515	−1.515	0.000
18#	中口深槽	1.441	1.441	0.000	−1.614	−1.614	0.000
19#	中口深槽出口	1.401	1.401	0.000	−1.582	−1.582	0.000
20#	大襟岛西侧	1.479	1.479	0.000	−1.658	−1.658	0.000

表 4.7-2 "2005.6"洪水大潮施工期潮位变化物模成果表

潮位测站	高高潮位(m)	低低潮位(m)	备注
官冲	0.00	0.02	崖门
西炮台	0.00	0.02	虎跳门
三虎	0.00	0.05	东岸:上游
三前水闸	−0.01	0.07	东岸:上游约 590 m
屈头山 T1	−0.01	0.06	西岸:上游
黄茅岛	0.01	0.02	西岸:下游
十字沥 T2	0.00	0.00	东岸:下游
荷包岛 T3	0.00	0.00	外海

5
防洪综合评价

5 防洪综合评价

5.1 建设项目与有关规划符合性评价

5.1.1 与珠江流域综合规划的关系

2013年3月经国务院批复的《珠江流域综合规划（2012—2030年）》中提到，规划珠江三角洲的重点堤防保护区达到100~200年一遇，其他重要堤防保护区达到50~100年一遇的防洪标准；珠江河口区重点海堤达到50~100年一遇、重要海堤达到20~50年一遇、一般海堤达到10年一遇的防潮标准；流域内一般地级城市达到50~100年一遇的防洪标准，县级城市达到20~50年一遇的防洪标准，农田达到10~20年一遇的防洪标准。

工程的建设不影响防洪规划的实施。

5.1.2 与珠江河口综合治理规划的关系

《珠江河口综合治理规划》提到，河口的治理开发必须有利于泄洪、维护潮汐吞吐、便利航运交通、保护水产、改善生态环境。

本次研究对象为桥梁建设工程，治导线内除桥墩建设外，无其他占用滩地的实体结构，不涉及围填工程，与治导线规划、珠江河口泄洪整治规划、滩涂利用规划不冲突。

5.1.3 与珠海侧水利规划的关系

根据《珠海市海堤防潮洪标准及能力提升建设方案》（珠海农水〔2018〕8号），平沙新城段海堤按100年一遇防潮标准进行加固，工程防洪潮设计标准为300年一遇，满足要求。

5.1.4 与台山侧水利规划的关系

根据《广东省江门市流域综合规划修编(2005—2030)》,赤溪堤围应按50年一遇标准进行设防。

桥梁登陆位置,建设单位将委托有资质的单位按50年一遇标准进行方案设计,并同步施工。

5.2 建设项目防洪标准和有关技术要求符合性评价

5.2.1 与防洪标准的符合性

黄茅海跨海通道工程按照300年一遇防洪、防潮标准设计,标准符合《防洪标准》(GB 50201—2014)有关规定,与现有防洪标准相适应。

5.2.2 与有关技术要求的符合性

根据《中华人民共和国水法》《中华人民共和国防洪法》《中华人民共和国河道管理条例》和《河道管理范围内建设项目管理的有关规定》等有关规定:河道管理范围内建设项目必须维护堤防安全,保持河势稳定和行洪通畅。

黄茅海跨海通道工程施工期严格落实各项安全施工措施,基本与相关技术要求相适应。在加强施工管理和施工中堤岸保护措施后,基本可确保堤岸安全,满足有关技术要求。

5.2.3 与有关管理要求的符合性

《珠江河口管理办法》第四条规定:珠江河口的整治开发,必须遵循有利于泄洪、维护潮汐吞吐、便利航运、保护水产、改善生态环境的原则,统一规划,加强监督管理,保障珠江河口各水系延伸、发育过程中入海尾闾畅通。第十八条规定:禁止在珠江河口管理范围内建设妨碍泄洪、纳潮的建筑物、构筑物,倾倒垃圾、渣土,从事影响河势稳定、危害堤防安全和其他妨碍河口泄洪、纳潮的活动。

工程施工过程中,应制定严格的管理制度,应有专人负责管理,禁止将施工弃渣、余泥、垃圾等随意倾倒于河道中;禁止乱设妨碍泄洪、纳潮的建筑物、构筑物;禁止随意破坏河床、堵塞河道主槽或行洪纳潮通道;禁止随意破坏附近的水利工程和设施。

5.3 对河道行洪的影响评价

黄茅海跨海通道工程实施后,其上游水域高高潮位有所降低,低低潮位有所抬高。在各计算水文条件下,对泄洪纳潮的影响主要集中在黄茅海水域,崖门及虎跳门水域所受的影响相对较小。工程上游高高潮位降低 0.000～0.013 m,低低潮位升高 0.000～0.039 m;桥址断面涨、落潮量分别减少 0.38%～0.42%、0.35%～0.39%,崖门口官冲站涨、落潮量分别减少 0.32～0.33%、0.34～0.47%。远期考虑河口演变、三角洲河道淤积及工程上游水域的河床淤积,其影响值有所增大,对河口泄洪纳潮有一定的影响,但综合考虑目前河口的滩槽演变和泄洪纳潮能力,基本可以保障河口泄洪纳潮的需求。

5.4 对河势稳定的影响评价

黄茅海跨海通道工程实施后,桥址断面过流面积减小,百年一遇水位条件下阻水比为 9.77%,对涨、落潮流均具有阻碍作用,导致桥址上游纳潮量减少 0.38%～0.42%,潮汐动力总体呈减弱趋势。由于主槽道附近桥跨较大,工程建设后潮流往主槽道集中,该水域除桥墩阻水、上下游流速减小外,桥墩间过流区涨、落潮流速均增大,流速变化较大的区域集中在主桥墩之间,两主墩间流速增幅在 0.20 m/s 以内,流速增幅在 0.1 m/s 以上范围至桥位下游 600 m、上游 300 m 处,流速变幅在 0.01 m/s 以上范围集中在工程上游 6.7 km 至下游 5.4 km 区域。

黄茅海跨海通道工程建设后,桥墩之间出现淤积减少或冲刷,桥墩上下游会有一定的淤积发展,桥址两侧上游浅滩的水动力总体减弱,东西两侧上游浅滩的淤积速度有所加快,主槽道潮流动力进一步增强,进而导致中滩进一步向南发展。

不考虑人类活动影响的条件下,东、西浅滩的淤积强度为 0.01～0.04 m/a,工程实施后淤积强度加大,淤积范围扩展,西滩淤积大于东滩,西滩淤强增大 0.01～0.02 m/a,东滩淤强增大不超过 0.01 m/a。

黄茅海跨海通道工程通过增加主流区的跨径以减小对主槽道潮流的阻

力,工程建设后流速等值线和水动力轴线的平面位置变化不大,但工程处于东槽和西槽潮流的交汇地带,涨落潮主流均位于东槽,主流由上游的偏西南-东北向转为下游的偏东南-西北向,工程处于潮流转向区间,工程后主槽道动力增强不可避免引起局部河床的调整,促使中滩进一步向南发展,其影响程度需要持续监测。

从总体上看,工程后主槽动力轴线摆幅不大,工程对黄茅海水域整体的河势稳定影响有限,但由于黄茅岛东北侧、西槽以西等局部桥段轴线与水流存在一定程度的交角,会引起一定的冲淤变化及调整,对局部河床稳定可能会有所影响。河床演变是一个动态的、长期的复杂过程,工程建设后需要进行长期的观测,跟踪分析中滩附近水域的滩槽变化,以减少工程对航道及主槽稳定的影响。

5.5 对堤防安全及岸坡稳定和其他水利工程影响评价

桥梁横跨珠海平沙新城海堤、台山赤溪海堤,堤身范围内不布置桥墩,为了避免桥墩施工对堤围安全的影响及今后堤防达标加固对桥梁运营安全的影响,桥梁范围内及外缘线两侧 50 m 范围内的堤防,由桥梁建设单位委托有资质的单位按照规划标准进行设计,与桥梁工程同步建设、验收。施工期间,对堤防进行安全监测,确保堤防安全、稳定。

受工程建设影响,闸、涵周边的潮位、流速等水文要素均有变化,但工程建设对水闸设施、设备基本没有影响。

5.6 对水文测站的影响评价

工程距离官冲水文站 31 km、西炮台水文站 24 km、雷珠水文站 19 km、虎山水文站 10.3 km、荷包岛水文站 16 km,距离均超过 10 km,工程建设对水文站影响不大。

5.7 对水利工程运行管理和防汛抢险的影响评价

《河道管理范围内建设项目技术规程》(DB44/T 1661—2021)要求:跨越 1 级堤防的,净空不得小于 5.5 m;跨越 4 级堤防的,净空不得小于 5 m。

黄茅海跨海通道工程与珠海市平沙新城海堤垂直相交,该段海堤为堤路结合形式,现状为50年一遇防潮标准,规划100年一遇防潮标准。

东侧平沙新城海堤堤顶高程5.01 m,桥梁梁底高程为46.6 m,桥梁与海堤净空41.6 m,超过5.5 m,满足要求;堤身范围内不放置桥墩,对珠海侧沿岸防汛抢险影响不大。

台山市赤溪围跨堤位置海堤独立设计,堤身范围内不放置桥墩,桥梁梁底高程为9.96 m,桥梁与海堤净空6 m,满足不小于5 m的要求,工程对台山侧沿岸防汛抢险影响不大。

5.8　施工期影响评价

工程建设期为4年,桥墩围堰、栈桥、施工生活平台、码头等工程进一步占用过水断面,低水位的壅水明显增大,桥址附近低低潮位最大壅水高度达到0.080 m,高高潮位最大降低0.010 m,施工期对泄洪水位的影响增大,最大阻水工况应避开汛期,选择枯季施工,减小工程对洪季泄洪安全的影响。

5.9　对第三人合法水事权益的影响评价

(1) 潮排、潮灌

黄茅海跨海通道工程实施后,低低潮位抬高的影响主要集中在黄茅海-崖门的潮汐通道,"2010.6"中水条件,工程对上游黄茅海水位影响范围在0.024 m以内,对崖门水域一带水位影响范围在0.015 m以内,对三江口以上水位影响范围在0.003 m以内。潮排影响范围主要涉及工程上游的黄茅海、银洲湖水域。

黄茅海跨海通道实施后,"2010.1"枯水条件,黄茅海水域高高潮位降低不超过0.011 m,崖门以上水域高高潮位降低不超过0.005 m,工程对潮灌的影响相对小一些。

(2) 排涝

黄茅海跨海通道工程实施后,致使工程上游水域低低潮位有所抬高,从而影响附近水闸的排涝能力。工程附近水闸为自流水闸,且由于该片区地势平坦,下游受潮水位影响,水闸堰流处于高度淹没状态($h_s/H_0 \geqslant 0.9$),水闸过流能力可按《水闸设计规范》(SL 265—2016)附录A的A.0.2规定进行计算。

$$Q = \mu_0 B_0 h_s \sqrt{2g(H_0 - h_s)}$$

式中：B_0 为闸孔总净宽，m；Q 为过闸流量，m^3/s；μ_0 为淹没堰流的综合流量系数，由《水闸设计规范》(SL265—2001)附录 A 中表 A.0.2 查得；H_0 为计入行近流速水头的堰上水深，m；h_s 为由堰顶算起的下游水深，m。

根据水闸设计参数计算东、西两岸水闸通过设计流量时内江水位的壅高值，计算成果见表 5.9-1。工程附近水闸分布见图 5.9-1。根据水闸过流计算成果，推求水闸在外江水位分别上涨 0.01 m、0.02 m、0.03 m 时，东岸珠海侧水闸口闸下水位平均增加 0.007 m、0.014 m、0.020 m，西岸台山侧水闸口闸下水位平均增加 0.005 m、0.011 m、0.016 m。

中水组合是珠江口排涝工程常遇典型潮型。在"2010.6"中水条件下，工程上游水域高高潮位降低 0.000~0.011 m，低低潮位壅高 0.000~0.024 m，可见，工程建设后的外江水位升高主要出现在中低水位，低潮位抬升增加了工程上游的两岸排涝工程的外江水位，造成水闸排涝能力一定程度的降低，对区域排涝影响总体不大。

表 5.9-1 附近水闸内江水位变化统计表

涵闸		原有排涝设施		外江水位 +0.01 m	外江水位 +0.02 m	外江水位 +0.03 m
		水闸净宽 (m)	闸底高 (m)	闸下水位变化(m)	闸下水位变化(m)	闸下水位变化(m)
东岸	沙龙闸	56	−3.2	0.007	0.014	0.020
	大冲闸	48	−3.2	0.007	0.014	0.020
	大虎闸	18	−2.5	0.007	0.013	0.020
	二虎闸	5	−2.2	0.007	0.013	0.020
	三前水闸	40	−3.2	0.007	0.014	0.021
	十字沥闸	40	−3.2	0.007	0.014	0.021
西岸	羊了角涌水闸	7.5	−1.5	0.005	0.011	0.016
	磅护交界涌水闸	7.5	−1.5	0.005	0.011	0.016
	大围水闸	7.5	−1.5	0.005	0.011	0.016
	合掌涌水闸	7.5	−1.5	0.005	0.011	0.016
	牛尾涌水闸	7.5	−1.5	0.005	0.011	0.016
	牛路涌水闸	7.5	−1.5	0.005	0.011	0.016

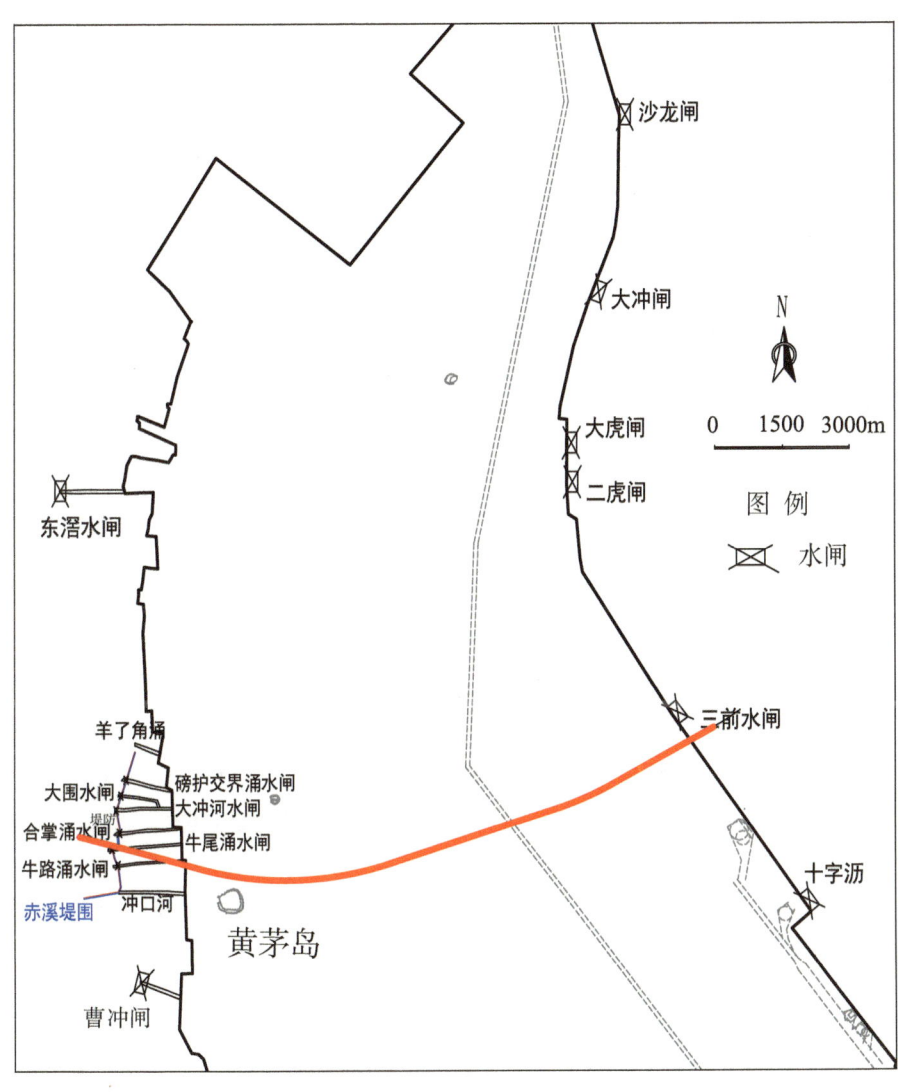

图 5.9-1　工程附近水闸分布图

台山侧，大桥经过牛路涌下游入海口、牛尾涌水闸下游及合掌涌水闸上游，牛尾涌集雨面积最大，为 2.1 km², 该区域为养殖区，主体功能为引海水养殖水产。

成果显示，周边水域高潮位总体呈降低趋势，高潮位时不影响水闸排涝。在"2010.6"中水条件下，工程上游水位最大升高 0.024 m，根据排涝分析计算，黄茅海水域低潮位抬高，附近水闸闸下水位抬升 0.03 m 时，闸下水位升高

179

0.016~0.021 m。

工程建设后,低潮位升高对水闸排涝有一定影响,但影响不大。

(3)港口

珠海侧,高栏港区是大型港口群,分布着大量的码头工程,分别为三一重工配套码头、番禺珠江钢管(珠海)基地码头、电厂煤码头等码头。台山侧,桥址上下游为养殖区,没有码头。

黄茅海总体上水动力呈减弱趋势,潮流挟沙能力减弱,港区淤积略有增加,可能需增大港口及航道的维护量。整体来看,距离工程较远的区域潮流动力呈减弱趋势,流速减小幅度 0.01 m/s 以上范围集中在工程上游 6.7 km 至下游 5.4 km 区域,平均淤积强度增加约 0.02 m/a,距离工程越远则影响越小。高栏港主港区距离工程超过 8.5 km,基本不会影响港口正常运行。

(4)航道

黄茅海水域集中了上游、下游港口码头的出海航道,是区域水上运输的重要通道,东东航道现状三一重工以下航道已建成,为 5 万吨级,远期规划 15 万吨级,三一重工以上航道规划为 5 万吨级;东航道为现状 5 千吨级航道,规划为 3 万吨级;西航道现状还未疏通,规划为 3 千吨级,见图 5.9-2。

高栏港大桥跨东东航道,主桥采用 110 m＋248 m＋700 m＋248 m＋110 m 桥跨组合,主跨 700 m。黄茅海大桥跨东航道、西航道,采用 100 m＋280 m＋720 m＋720 m＋280 m＋100 m 的主、辅桥跨组合,主跨 720 m;西航道主跨 720 m。

桥梁按照规划航道要求预留扩容升级空间,采用大跨度、高净空方式进行设计,满足航道规划要求。

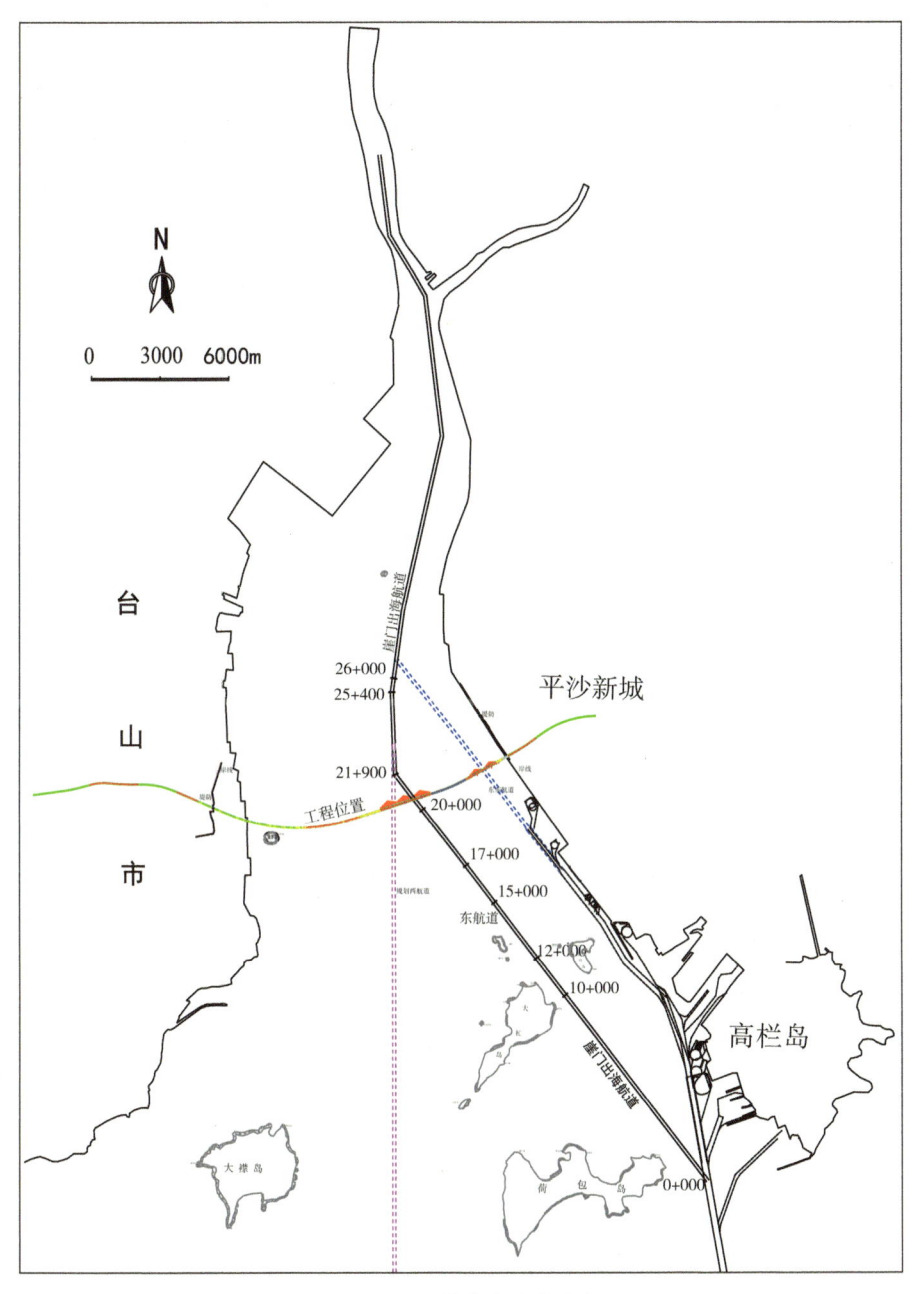

图 5.9-2 黄茅海航道分布

6 消除和减轻影响措施

通过前文分析可知,黄茅海跨海通道工程实施后,对黄茅海泄洪纳潮和河势稳定存在一定的影响,重点体现在:(1)桥墩和承台的阻水作用引起的壅水、绕流和局部滩槽调整等;(2)桥轴线附近沿岸水流流速略有增大,可能引起局部堤脚淘刷、失稳等。针对以上问题,提出以下措施。

6.1 海堤堤岸局部改线、保护与修复

工程实施后,平沙新城海堤附近水域流速有所增大,建议对附近堤防进行防护,范围为工程上游100 m至下游100 m,防止堤防受冲、堤脚淘刷。

①对桥梁工程上游100 m至下游100 m之间的堤防采用抛石护脚防护措施。

②补救措施方案抛石平台高程为−0.10 m,迎水侧坡比为1∶2,抛石厚约为1.50 m。

③石料选用时要保证未风化,不成片状,不带裂纹,具有一定的强度,并耐河水侵蚀,抛石料容重应大于 2.5 t/m^3,石料湿抗压强度不得小于30 MPa,单块重量100~200 kg,不得漏抛和出现空档;尽量做到抛石大小级配良好,应保证石块均匀平整,迎水面尽量采用较大的石料,石体中央处应讲究石块大小级配,防止冲移串通。

6.2 水文地形监测

工程横跨黄茅海水域,该水域是珠江河口重要的泄洪纳潮通道,水沙环境复杂。鉴于桥梁工程阻水大,桥墩及防撞措施对该水域存在长期影响,工程引起的水动力环境变化可能会影响附近水域水安全,应定期开展水文泥沙

和水下地形观测,视影响情况,采取必要的措施。

水文测验:采集内容包括水位、潮流、潮量/流量、含沙量、床沙等。其中包括3个水位测站、5个测流断面及分布在不同滩槽的散点。测验时间为工程实施前、工程完工后当年及工程投入使用后第5年。每次观测应在洪水期,应包含一个完整的潮周期,并符合代表性和可比性要求。

水下地形测量:测量时间与水文测验时间相一致,测量范围为工程上游9 km至下游5 km,测图比例为1∶5 000;其中工程线位上游300 m至下游200 m水域采用1∶500地形测量图,珠江基面高程,1954年北京坐标系、2000国家大地坐标系。

水文泥沙、地形监测布置如图6.2-1所示。

6.3 加强施工期影响监测、评估和管理

6.3.1 施工期堤防稳定监测

针对黄茅海跨海通道工程施工期影响范围内的海堤,施工期观测主要包括地表变形观测、深层水平位移观测以及巡视巡查,其中地表变形观测含地表位移及沉降观测。

6.3.2 评估与管理

黄茅海跨海通道工程施工周期长,施工方案复杂,除开展施工期影响监测外,还应做好评估,加强施工管理,保护水域水环境,严禁废水、废渣直接外排入黄茅海,并严格履行施工组织设计,防范、控制工程风险。

6.4 疏浚弃土的处理

(1) 工程施工需开挖临时航道,抛泥区位置应取得自然资源部、广东省行政主管部门的正式批复,与相关主管部门加强沟通协调。

(2) 航道疏浚施工、运输和抛卸过程中,应尽量减少泥浆洒漏,采取有效措施保护水生态环境,避免污染水体,并妥善处理好疏浚弃土问题,不得向河道内倾倒弃土、废渣。

6　消除和减轻影响措施

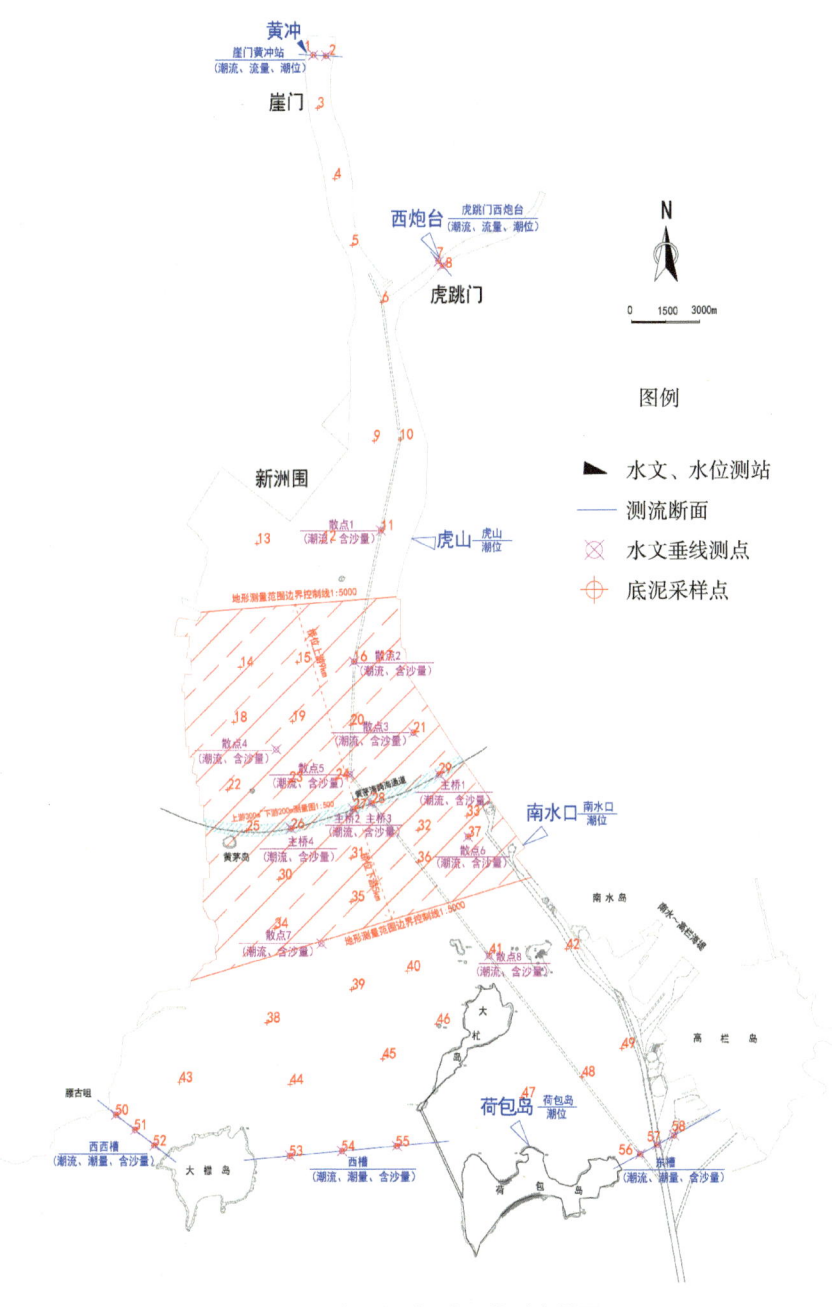

图 6.2-1　水文泥沙、地形监测布置图

6.5 防汛管理要求

工程建设及运行过程中须接受水行政主管部门的监督和管理,服从防汛指挥机构的统一调度。建设单位需编制施工期防汛、防台风应急预案,明确责任人,并报当地防汛指挥机构批准。

7 结论与建议

7 结论与建议

本次研究采用遥感信息应用、水文分析计算技术结合实测资料分析、数学模型、物理模型（清水、浑水定床、局部动床）等多种手段对连接珠海、台山两地的黄茅海跨海通道工程进行防洪影响计算与评价，几种手段相互补充、相互印证，研究范围包括了黄茅海水域和上游三角洲河网区。评价结论和建议如下。

7.1 结论

（1）黄茅海滩槽演变规律和趋势

黄茅海在20世纪80年代以前主要呈现自然状态下的缓慢淤积，之后人类活动影响加剧，东西岸滩涂围垦、跨海大堤的修建，以及填海建港工程等人为活动造成滩槽平面格局的改变。近期崖门深槽东西两岸围垦工程的实施，使得深槽两岸岸线向槽道延伸，深槽动力增强。崖南镇附近岸线的延伸，则阻挡了下泄水流往西滩输排，西滩中上部水流动力减弱，造成西滩进一步淤涨，-2 m、-4 m等高线向东南扩展。中滩（拦门浅滩）处于上溯流与下泄流交汇的区域，滞流点在拦门沙内、外坡之间，且随季节移动。受崖门深槽流势增强影响，拦门沙体有所向外移动，东滩为上溯潮流通道，滩涂基本稳定。随着珠江河口整治规划治导线制定和《珠江河口管理办法》实施，崖门深槽位置将保持稳定畅通，西滩向东南淤积速率进一步趋缓，中间拦门沙呈向海推进发展，东滩和东槽仍将保持稳定，西槽向海退缩。黄茅海基本保持三滩两槽总体格局不变，保持河口泄洪纳潮通畅。

（2）方案总体评价

黄茅海跨海通道工程自2018年以来通过一系列的优化研究，综合防洪、航运、交通及工程建设可行性等因素，最后推荐评价设计方案，百年一遇水位条件下阻水比为 9.77%。工程实施后，工程上游黄茅海水域高高潮位降低 0.000~0.013 m、低低潮位升高 0.000~0.039 m，桥址断面涨、落潮量分别减少 0.38%~0.42%、0.35%~0.39%；崖门口官冲高高、低低潮位最大变幅分别在 0.006 m、0.015 m 左右，涨、落潮量分别减少 0.32%~0.33%、0.34%~0.47%。远期考虑河口演变、三角洲河道淤积及工程上游水域的河床淤积，其影响值有所增大。

（3）与相关规划适应性

黄茅海跨海通道工程基本符合《珠江河口管理办法》的要求，无围填工程，符合珠江河口治导线规划，与珠江河口岸线规划、滩涂利用规划基本相符。

（4）管理要求适应性

黄茅海跨海通道工程位于珠江河口黄茅海腰部水域，对珠江河口地区防汛抢险影响有限。

珠海侧：工程桥梁与珠海市平沙新城海堤垂直相交，该段海堤为堤路结合形式，100 年一遇防潮标准，不可越浪，无防浪墙，海堤临水侧设有铁栏杆，黄茅海跨海通道桥梁直接跨越海堤，桥梁底标高 46.6 m，满足净空要求，堤身范围内不放置桥墩，对珠海侧沿岸防汛抢险影响不大。

台山侧：工程桥梁与台山市赤溪围海堤相交，该段海堤亦为堤路结合形式，20 年一遇防潮标准（正在进行达标加固），不可越浪，海堤临水侧设有 1.2 m 高的防浪墙，黄茅海跨海通道桥梁直接跨越赤溪围海堤，桥梁底标高 9.96 m，桥梁与海堤净空 6.66 m，满足净空不小于 5 m 的要求，堤身范围内不放置桥墩，对台山侧沿岸防汛抢险影响不大。

（5）壅水影响

黄茅海跨海通道工程实施后，工程上游黄茅海水域高高潮位降低 0.000~0.013 m、低低潮位升高 0.000~0.039 m，崖门官冲高高、低低潮位最大变幅分别在 0.006 m、0.015 m 左右，崖门水道三江口上游潮位变化很小；远期考虑桥址断面阻水淤积及工程上游水域的河床淤积影响，各站点潮位变幅呈增大趋势，但增幅较小。

（6）潮量影响

综合中枯水模拟成果，黄茅海跨海通道工程实施后，工程附近断面涨、落潮量最大减小幅度为 0.42%、0.39%，崖门官冲断面涨、落潮量最大减小幅度为 0.33%、0.47%，虎跳门西炮台断面涨、落潮量最大减小幅度为 0.81%、0.29%。远期考虑工程上游水域的河床淤积，各断面潮量变幅略有增大。

(7) 流速、流态影响

黄茅海跨海通道实施后,桥墩间过流区涨、落潮流速均增大,流速变化较大的区域集中在主桥墩之间,两主墩间流速增幅在 0.20 m/s 以内,流速增幅 0.1 m/s 以上范围集中在桥位上游 300 m 至下游 600 m 水域,流速变幅 0.01 m/s 以上范围集中在工程上游 6.7 km 至下游 5.4 km 水域。

(8) 冲刷与淤积影响

东、西浅滩的自然淤积强度为 0.01～0.04 m/a,工程实施后淤积强度加大,淤积范围扩展,西滩淤积大于东滩,西滩淤强增大 0.01～0.02 m/a,东滩增大不超过 0.01 m/a。

(9) 河势稳定影响

黄茅海跨海通道建设后,桥墩之间出现淤积减少或冲刷,桥墩上下游会有一定的淤积发展,桥址两侧上游浅滩的水动力总体减弱,东西两侧上游浅滩的淤积速度有所加快,中滩进一步向南发展。工程建设不会改变黄茅海三滩两槽的基本格局,但河床演变是个动态的、长期的、累积性的复杂过程,因此工程建设后需要长期观测,跟踪分析附近水域的滩槽变化。

(10) 对潮排潮灌及排涝影响

通过综合计算分析,黄茅海跨海通道工程实施后,低低潮位抬高的影响主要集中在黄茅海-崖门的潮汐通道,"2010.6"中水条件,工程对上游黄茅海水位影响范围在 0.024 m 以内,对崖门水域一带水位影响范围在 0.010 m 以内,对三江口以上水位影响范围在 0.003 m 以内。低低潮位的抬高对地区排涝有不利影响。

黄茅海跨海通道实施后,"2010.1"枯水条件下黄茅海水域高高潮位降低不超过 0.011 m,崖门以上水域高高潮位降低不超过 0.005 m,其他水域变化不大,现状地形条件下,工程对潮灌的影响相对小一些。

(11) 设防标准适宜性

黄茅海跨海通道工程桥梁工程按 300 年一遇防洪标准设计。工程防御洪涝的标准符合《防洪标准》(GB 50201—2014)有关规定,与现有防洪标准相适应;工程设计满足有关防洪的规范技术要求。

(12) 第三人水事权益影响

黄茅海跨海通道实施后,港口和航道的维护量略有增大,但港口距离工程较远,工程对周边港口的影响有限,而现状崖门航道与桥轴线存在交角,故对通航影响进行了相应的专题论证研究,航道总体淤积有所增大,后续结合航道升级做综合研究。

(13)施工期防洪影响

黄茅海跨海通道工程建设期为4年,施工工期较长,跨4个汛期,栈桥、桥墩围堰、作业平台、临时码头等进一步占用过水断面,对其泄洪水流产生阻滞作用,施工期平均阻水比25.27%。施工期潮位影响较大的范围在工程上游12.5 km至下游1 km水域,高高潮位最大降低0.010 m,低低潮位最大抬高0.080 m。

(14)消除和减轻影响措施

桥梁与堤防搭接位置进行堤防达标加固建设,工程建设前后需进行水文地形监测,跟进分析工程建设的影响。做好跨堤段堤防加固防冲措施,汛期积极配合水利部门,安全度汛。

(15)工程风险因素对防洪影响

黄茅海跨海通道是横跨珠江口水域的大型涉水工程,工程附近水情复杂,自然条件恶劣,洪水、海浪、台风暴潮及雷电、地震等多种灾害性因素均会影响工程安全,控制工程风险对河道行洪安全产生不利影响尤显重要,工程建设方应做好相关的应急预案,并报相应的主管部门备案。

(16)综合结论

黄茅海跨海通道工程横跨黄茅海腰部,局部过水断面有所缩窄,总体上,基本能满足现阶段珠江河口泄洪纳潮需求。工程建设基本与相关水利规划、防洪标准、有关技术要求和管理要求相适应,长远来看,仍需要加强观测和管理,监控工程建设影响,以维护河口稳定与可持续发展。

7.2 建议

(1)工程施工方案涉及临时航道开挖、大型桩基围堰施工等,可能引起泥沙再输移和滩槽回淤变化,施工完成后需恢复原状,应编制施工应急预案保证行洪安全、区域河势稳定,防范、控制工程风险。

(2)工程阻水较大,影响范围广,影响关系复杂,应定期开展水文泥沙和水下地形观测等工作,视影响情况采取必要的措施,确保珠江河口泄洪纳潮安全。

(3)工程建设和施工对堤岸造成一定的影响,建议做好相应堤防达标加固、保护和监测工作。

（4）工程施工期跨汛期、台风期，应做好施工度汛、防台风安排，做好度汛预案，并报水行政部门审批，确保施工安全。

（5）黄茅海跨海通道工程横跨东东航道、东航道，在施工及运行期应做好航行标识，确保来往船只及施工船只安全。

（6）工程建设需进行征地，需根据相关法律法规做好征地补偿等方案。

参考文献

［1］中国水利学会泥沙专业委员会.泥沙手册[M].北京：中国环境科学出版社，1992.
［2］黄胜.潮汐河口问题讲义[M].南京：南京水利科学研究所，1964.
［3］赵焕庭.珠江三角洲的水文特征[J].热带海洋，1985，2：108-117.
［4］水利部珠江水利委员会.珠江河口管理办法[S/OL].[2017-12-22].www.gd.gov.cn/200gk/wjk/zcfgk/content/post－2521531.html.
［5］中华人民共和国水利部.河道管理范围内建设项目防洪评价报告编制导则：SL/T 808—2021[S].北京：中国水利水电出版社，2021.
［6］广东省市场监督管理局.河道管理范围内建设项目技术规程：DB44/T 1661—2021[S].2021.